子どもの未来づくり
幼児の体育

監修　澤田幸男
　　　（さわだスポーツクラブ　代表）

編著　前橋　明
　　　（早稲田大学　教授／医学博士）

著　　さわだスポーツクラブ

大学教育出版

はじめに

　39年前の４月、忘れもしません。不思議な不思議な縁があり、某幼稚園の可愛い子どもたちの前に立ちました。小学生の時から、いろいろな運動に親しみ、また、両親とも教師であったという影響もあり、大学では教職課程に進み、各スポーツクラブで指導の経験も重ねてきたため、元気さえあれば簡単だと自信満々でした。でも、そんな自信は、いとも簡単にすっとんでしまい、可愛い子どもたちの前で、ふるえたことを鮮明に覚えております。年齢が下がれば下がるほど、指導をするということの難しさを痛感した次第でした。

　昭和50年、法人化して以来、次のことを念頭に入れ、常に心がけて参りました。幼児期の子どもたちにとって、どのような身体活動が心身の調和的な発達にもっとも有効であるかを考え、運動の得意な子にはより技術的に向上するよう助言をし、苦手な子には少しでも身体を動かすことが好きになるように、子どもたちといっしょに悩みました。また、運動活動を通して、集団生活、集団行動のマナーや約束ごと、礼儀作法を身につけられるように心がけて社員教育もして参りました。その社員たちが、現場での指導実践からヒントを得、それらを理論化させようと一つのまとめをしてみました。

　何より、本書をまとめるに際して、常に心あたたまるご指導と、ご助言をいただいている前橋　明先生（早稲田大学教授）に、心より感謝と御礼を申し上げます。

　また、本書の編集に気持ちよく、心をこめて従事して下さいました大学教育出版の佐藤宏計氏、安田愛氏にも、厚く御礼申し上げます。

　最後になりましたが、日頃から当クラブを支えて下さり、ご協力くださっている方々に、紙面を借りて感謝と御礼を述べさせていただきます。ありがとうございました。

2010年６月

さわだスポーツクラブ
代表　澤田　幸男

発刊に寄せて

　子どもたちに伝えたいことがあります。それは、「ちょっと気をつけて・ちょっと知恵を絞って・ちょっと工夫して、あなたにできることを実行すれば、友だちやお父さん・お母さん、おじいちゃん・おばあちゃん、近所の人たちが助かったり、楽になったりすることがあるよ」という呼びかけです。
　いろんなところで、ちょっとの工夫から、人に役立つ行動が起こると、相手が助かります。相手の心の中にも、「ありがたい」という感謝の気持ちや思いが芽生えてきます。そのように感じてもらえると、知恵を絞った方もうれしいものです。援助された方も、「同じように、自分にできることはしてみようかな」、「誰かに役立ったら、お互いに気持ちがいいよね」等の気持ちやさらなる夢が芽生えてくるはずです。
　いろいろなところで、ささやかな工夫と実行が起こり、そこで生まれる「人へのおもいやり」や「感謝の気持ち」が、私たちの社会をよりいっそう暖かいものにしてくれるはずです。
　できれば、幼児期に、このような「ちょっとした工夫と実行」の体験活動を、幼児体育の活動を通して、しっかり経験させてやりたいものです。そのような、私の思いや願いを、少しでも理解していただいた「さわだスポーツクラブ」のみなさんが、本書を執筆されました。
　つまり、本書は、さわだの指導者の方々が、まず、率先して、知恵を絞り、そのような工夫と行動を行おうと、努力してまとめられた指導方法や内容を提示する財産なのです。本書で示された理論や創作した運動やゲームの指導を通して、人に優しい行動が実際にできるように、子どもたちを導いていくことが、何よりも期待されることなのです。本書を利用した体育指導を通して、思いやりの心が、子どもたちの心の中に芽生えていけば、幸せの花咲く暖かい世の中が実現するのではないでしょうか。
　子どもたちが心身ともに健康で、いきいきと生きることのできる健康的な暮

らしのあり方（幸福）を考えていくためにも、本書の内容を、少しでも多くの幼児体育の指導者の皆様に、採用していただければ幸いに存じます。

2010年6月

早稲田大学　教授・医学博士
前　橋　　明

幼児期に、なぜ運動が大切なのか

1　子どもの抱える問題とその原因

　わが国では、子どもたちの学力低下や体力低下、心の問題が顕著となり、各方面でその対策が論じられ、教育現場では悪戦苦闘しています。子どもたちの脳・自律神経機能の低下、不登校や引きこもりに加えて、非行・少年犯罪などの問題も顕在化しており、それらの問題の背景には、幼少児期からの「生活リズムの乱れ」や「朝食の欠食」、「運動不足」、「親子のきずなの乏しさ」等が見受けられ、心配しています。

　結局、子どもたちの睡眠リズムが乱れると、摂食のリズムが崩れて、朝食の欠食・排便の無さへとつながっていきます。その結果、朝からねむけやだるさを訴えて午前中の活動力が低下し、1日の運動量が減り、やがて自律神経の働きが弱まって昼夜の体温リズムが乱れてきます。

　そして、ホルモンリズムが乱れて、朝、起きられず、日中に活動ができない、夜はぐっすり眠れなくなります。やがて、体調不良になり、さらに、精神不安定に陥りやすくなって、行き着くところ、学力低下、体力低下、心の問題を抱える子どもたちが増えていきます。

2　深刻な休養面の乱れの問題

　一見すると、現代の子どもたちの生活は豊かになったように見えますが、その実、夜型化の影響を受けて、生体バランスは大きく崩壊し、自然の流れに反する形で生活のリズムが刻まれていくのを見過ごすことはできません。心と体には密接な関係があって、身体の異常は精神の不調へと直結していきます。ですから、現代の子どもの問題は、どれを先に解決するかというよりも、心と体の両面をケアして、できうるところから解決していかねばなりません。こういう点をおろそかにしてきた、私たち大人には、猛省が必要です。

中でも、休養面（睡眠）の乱れの問題は、深刻です。短時間睡眠の幼児は、翌日に注意集中ができないという精神的な疲労症状を訴えることが明らかにされています（前橋・石井・中永，1997）。幼児期には、夜間に少なくとも10時間以上の睡眠時間を確保させることが欠かせないのです。

子どもは、夜眠っている間に、脳内の温度を下げて身体を休めるホルモン「メラトニン」や、成長や細胞の新生を助ける成長ホルモンが分泌されるのですが、今日では、夜型化した大人社会の影響を受け、子どもたちの生体のリズムは狂いを生じています。不規則な生活になると、カーッとなったり、イライラして集中力が欠如し、対人関係に問題を生じて、気力が感じられなくなったりします。

生活リズムの崩れは、子どもたちの体を壊し、それが心の問題にまで影響を与えていくのです。

3　大人への警告

それらの問題の改善には、大人たちがもっと真剣に「乳幼児期からの子ども本来の生活」を大切にしていくことが必要です。

(1) 夜型の生活を送らせていては、子どもたちが朝から眠気やだるさを訴えるのは当然です。
(2) 睡眠不足だと、注意集中ができず、また、朝食を欠食させているとイライラ感が高まるのは当たり前です。学校にあがってから、授業中はじっとしていられず、歩き回っても仕方がありません。
(3) 幼いときから、保護者から離れての生活が多いと、愛情に飢えるのもわかります。親の方も、子どもから離れ過ぎると、愛情が維持できなくなり、子どもを愛おしく思えなくなっていきます。
(4) 便利さや時間の効率性を重視するあまり、徒歩通園から車通園に変え、親子のふれあいや歩くという運動量確保の時間が減っていき、コミュニケーションが少なくなり、体力低下や外界環境に対する適応力が低下していきます。
(5) テレビやビデオの使いすぎも、対人関係能力や言葉の発達を遅らせ、コミ

ュニケーションのとれない子どもにしていきます。とくに、午後の運動あそびの減少、地域の異年齢によるたまり場あそびの崩壊、ゲームの実施やテレビ視聴の激増が子どもたちの運動不足を招き、生活リズムの調整をできなくしていきます。

　それらの点を改善していかないと、子どもたちの学力向上や体力強化は図れないでしょう。キレる子どもや問題行動をとる子どもが現れても不思議ではありません。ここは、腰を据えて、乳幼児期からの生活習慣を健康的に整えていかねばならないでしょう。

　生活習慣を整えていく上でも、1日の生活の中で、一度は運動エネルギーを発散し、情緒の解放を図る機会や場を与えることの重要性を見逃してはなりません。そのためにも、幼児期には、日中の運動あそびが非常に大切となります。運動あそびというものは、体力づくりはもちろん、基礎代謝の向上や体温調節、あるいは脳・神経系の働きに重要な役割を担っています。園や地域において、時がたつのを忘れて、あそびに熱中できる環境を保障していくことで、子どもたちは安心して成長していけます。

4　「午前のあそび」に加えて、「午後あそび」のススメ

　子どもたちの体温が最も高まって、心身のウォーミングアップのできる午後3時頃から、戸外での集団あそびや運動が充実していないと、発揮したい運動エネルギーの発散すらできず、ストレスやイライラ感が鬱積されていきます。

　そこで、日中は、室内でのテレビ・ビデオ視聴やテレビゲームに替わって、太陽の下で十分な運動あそびをさせて、夜には心地よい疲れを得るようにさせることが大切です。

　低年齢で、体力が弱い場合には、午前中に体を動かすだけでも、夜早めに眠れるようになりますが、体力がついてくる4〜5歳以降は、朝の運動だけでは足りません。体温の高まるピーク時の運動も、ぜひ大切に考えて、子どもの生活の中に取り入れてください。

　幼児の体を整えるポイントは、①体温がピークになる午後3時〜5時頃に、

しっかり体を動かします。②夕食を早めに食べて、夜8時頃には寝るようにします。遅くとも、午後9時頃までには寝るように促します。③朝7時前には起きて、朝食を摂り、ゆとりをもって排便します。④午前中も、できるだけ外あそびをします。

つまり、生活リズムの整調のためには、運動あそびの実践が極めて有効であり、その運動あそびを生活の中に積極的に取り入れることで、運動量が増して、子どもたちの睡眠のリズムは整い、その結果、食欲は旺盛になります。健康的な生活のリズムの習慣化によって、子どもたちの心身のコンディションも良好に維持されて、心も落ち着き、カーッとキレることなく、情緒も安定していくのです。

ところが、残念なことに、今はそういう機会が極端に減ってきています。この部分を何とかすることが、私たち大人に与えられた緊急課題でしょう。生活は、一日のサイクルでつながっているので、1つが悪くなると、どんどん崩れていきます。しかし、生活の節目の1つ（とくに運動場面）が良い方向に改善できると、次第にほかのことも良くなっていくというロマンがあります。

そのために、身体活動や運動を取り扱う幼児体育指導者や幼稚園・保育園の先生方、保護者の皆さんに、期待される事柄は非常に大きいものがあると思います。

5　親子ふれあい体操のススメ

乳幼児期から親子のふれあいがしっかりもてて、かつ、体にも良いことを実践していくために、1つの提案があります。それは、「親子体操」の実践です（資料1）。まず、親子でからだを動かして遊んだり、体操をしたりする運動の機会を、日常的に設けるのです。子どもといっしょに汗をかいてください。子どもに、お父さんやお母さんを独り占めにできる時間をもたせてください。

親の方も、子どもの動きを見て、成長を感じ、喜びを感じてくれることでしょう。他の家族がおもしろい運動をしていたら、参考にしてもらってください。子どもががんばっていることをしっかり褒めて、自信をもたせてください。子

どもにも、動きを考えさせて創造性を培ってください。動くことで、お腹がすき、食事が進みます。夜には、心地よい疲れをもたらしてくれ、ぐっすり眠れます。親子体操の実践は、食事や睡眠の問題改善にしっかりつながっていきます。親子体操は、これまでに、いろいろなところで取り組まれている内容です。でも、それらを本気で実践するために、地域や社会が、町や県や国が、本気で動いて、大きな健康づくりのムーブメントを作るのです。こんな体験をもたせてもらった子どもは、きっと勉強や運動にも楽しく取り組んで、さらに家族や社会の人々とのコミュニケーションがしっかりとれる若者に成長していくはずです。

急がば回れ、乳幼児期からの生活やふれあい体験、とくに運動体験とそのときに味わう感動を大切にしていきませんか。だからこそ、それら貴重な内容を提示し、直接、子どもたちと関わることのできる幼児体育指導者に期待されることは、非常に大きいのです。

6 研究からの知見と提案

子どもと保護者の生活調査や生活リズム研究を通して、わかってきたことを、整理してみます。

(1) 年齢が低く、体力の弱い子どもは、午前中のあそびだけで、夜には疲れを誘発し、早く眠くなりますが、加齢に伴って体力がついてくると、午前中のあそびだけでは疲れをもたらさず、遅くまで起きていられます。もう1つ、午後のあそびが必要です。とりわけ、午後3時頃からの積極的な運動あそびで、しっかり運動エネルギーを発散させ、情緒の解放を図っておくことが、夜の入眠を早める秘訣です。

(2) 夕食の時間が午後7時を過ぎると、就寝が10時をまわる確率が高くなります。幼児には、午後6時～7時頃までに夕食を始めさせるのがお勧めです。

(3) 朝、疲れている子どもは、テレビやビデオの視聴時間が長く、夜、寝るのが遅いです。そして、睡眠時間が短く、日中の運動量が少ないです。そういった子どもの実態をみますと、その母親のメールの実施時間は長いことがわ

幼児期に、なぜ運動が大切なのか　　ix

資料1　親子ふれあい体操ポスター

かっています。また、夜は物とのかかわりをしており、親子のふれあい時間が少ないのが特徴です。
(4) 夜8時になったら、環境を暗くし、夜を感じさせて、眠りへと導きましょう。テレビのついた部屋は、光刺激が入るので眠れません。電気を消して部屋を暗くすることが大切です。
(5) 朝になったら、カーテンをあける習慣を作ります。朝には、陽光を感じさせ、光刺激で目覚めさせましょう。

7　幼児体育指導に携わる者に期待すること

　子どもたちが健康を維持しながら、心身ともに健全な生活を送っていくようにさせるためには、
　まず、①指導者自らが自己の生活を見直して、適度な運動を生活の中に取り入れていくことが大切です。その際、体温リズムを理解したうえで、子どもたちに日中の運動あそびを奨励し、充実させてください。
　そして、②手軽にできる運動あそびを、子どもたちといっしょに、実際に行って汗をかいてもらいたいのです。また、③子どもが遊びたくなる園庭づくりを工夫したり、④テレビ・ビデオ視聴に打ち勝つ運動あそびの魅力や楽しさを感動体験として味わわせたり、⑤お迎え時を利用して、親と子がふれあうことのできる簡単な体操を紹介して、家庭での実践につなげてください。
　そのためにも、日頃から運動指導に関する研修会に積極的に参加され、幼児体育指導者としての研鑽を積んでいただきたいと願います。
　要は、幼児の健全育成を図っていくためには、指導者層に「運動や栄養、休養」の必要性や、規則正しい生活リズムづくりの重要性のわかる人が、一人でも多く増えていくことが大切なのです。

前橋　明

子どもの未来づくり
幼児の体育

目　次

はじめに……………………………………………（澤田幸男）……ⅰ
発刊に寄せて ………………………………………（前橋　明）……ⅱ
幼児期に、なぜ運動が大切なのか …………………（前橋　明）……ⅳ

理論編

Ⅰ　子どもの身体の変化を通して考える幼児体育 ………………………… 2
　　1　よく眠る（睡眠）………………………………………………… 2
　　2　よく食べる（栄養）……………………………………………… 3
　　3　よく遊ぶ（運動）………………………………………………… 3
　　4　幼児体育の必要性 ………………………………………………… 4
　　5　指導者としての心構え …………………………………………… 4

Ⅱ　子どもの心を通じて考える幼児体育 …………………………………… 5

Ⅲ　幼児・児童の運動について ……………………………………………… 8
　　1　幼児期・児童期（前半）の運動に取り組むには ……………… 8
　　2　運動の分類・振り分け …………………………………………… 9
　　3　用語解説 …………………………………………………………… 11
　　4　運動種目によってのねらい ……………………………………… 11
　　5　指導案作成──1コマの流れ …………………………………… 12
　　6　指導内容 …………………………………………………………… 15
　　7　指導法 ……………………………………………………………… 18

Ⅳ　運動会について ………………………………………………………… 30
　　1　運動会とは ………………………………………………………… 30
　　2　運動会の企画と運営 ……………………………………………… 31

Ⅴ　運動会の実際 …………………………………………………………… 33
　　1　準備運動 …………………………………………………………… 33
　　2　競技種目 …………………………………………………………… 34

3　競技種目の紹介 ………………………………………………………… 35
　　　　　なんでも玉入れ　*36*
　　　　　郵便屋さん　*38*
　　　　　仲良し帽子リレー（親子競技）　*40*
　　　　　だっこでボール渡しリレー　*42*
　　　　　わっかくぐりリレー　*44*
　　　　　くぐってだっこして（親子競技）　*46*
　　　4　レクリエーション種目の紹介 ………………………………………… 48
　　　　　親子でピヨピヨちゃん（親ピヨ）　*50*

Ⅵ　組立体操 ……………………………………………………………………… 52
　　　1　1人技 ……………………………………………………………………… 54
　　　2　2人技 ……………………………………………………………………… 57
　　　3　3人技 ……………………………………………………………………… 59
　　　4　6人技 ……………………………………………………………………… 62

Ⅶ　運動会に生かすパラシュート ……………………………………………… 65
　　　1　パラシュートとは ……………………………………………………… 65
　　　2　パラシュート表現方法1 ……………………………………………… 67
　　　3　パラシュート表現方法2 ……………………………………………… 69

　　　　　　　　　　実技編

Ⅰ　鬼ごっこ ……………………………………………………………………… 74
　　　　　色鬼　*74*
　　　　　シッポとり　*76*
　　　　　ソフトクリーム鬼　*78*
　　　　　カツ丼とりあい鬼ごっこ　*80*
　　　　　キズ鬼ごっこ　*82*
　　　　　くっつき鬼ごっこ　*84*
　　　　　挨拶鬼　*86*
　　　　　合体鬼　*88*
　　　　　ねずみにがし　*90*
　　　　　島わたり　*92*

島わたり鬼　94
　　　オオカミさん、いま何時？　96
　　　お助け氷鬼　98
　　　いけ・こい　鬼　100
　　　３色鬼ごっこ　102
　　　鬼はだーれだ？　104

Ⅱ　リレーあそび …………………………………………………… 106
　　　ボール渡し　106
　　　ボール渡しリレー　108
　　　マットでリレー　110
　　　風船のっけリレー　112
　　　紙ぞうきんリレー　114
　　　新聞わたり　116
　　　コロがして、通して、Let' GO !!　118
　　　タオルでキャッチ　120

Ⅲ　ジャンケンあそび ……………………………………………… 122
　　　ジャンケン焼き芋ジャンプ　122
　　　Ｖジャンケン　124
　　　体ジャンケン　126
　　　ジャンケンダッシュ　128
　　　新聞迷路　130
　　　ジャンケン列車　132
　　　ジャンケンポンレース　134

Ⅳ　移動系のあそび ………………………………………………… 136
　　　ポップコーン　136
　　　なんでもバスケット　138
　　　ストップ＆ゴー　140
　　　お引越しゲーム　142
　　　なかよしのだるまさん　144
　　　だるまさんがころんだ　146
　　　ボール取りゲーム　148
　　　いすとりゲーム　150

            満員電車　*152*
            森のリス　*154*

Ⅴ　競争形式（並び方を学ぼう）………………………………………… *156*
            でんしゃづくり　*156*
            ならびっこ競争　*158*
            順番に並ぼう　*160*
            ドラゴンボール　*162*

Ⅵ　個人のスキルアップ …………………………………………………… *164*
            反応拍手　*164*
            縄投げ、キャッチ　*166*
            どこで、とれるかな？　*168*
            縄で、ロングスロー　*170*
            新聞ダッシュ　*172*
            縄で、的いれ　*174*
            フープくぐり　*176*
            棒つかみ　*178*
            動物に変身しよう　*180*
            おせんべ、やけたかな？　*182*
            焼き芋、やけたかな？　*184*
            グー・チョキ・キャッチ　*186*
            大きい手でボール打ち　*188*
            スーパーキャッチ　*190*

Ⅶ　グループあそび………………………………………………………… *192*
            新聞玉入れ　*192*
            新聞玉入れ（みんなで片づけ）　*194*
            ねことねずみ　*196*
            キックベース　*198*
            宝とりゲーム　*200*
            大根ぬき　*202*
            コーンたおしゲーム　*204*
            宝運び競争（リレー形式）　*206*

交差点ゲーム　　208
　　　みんなで、はいろう！　　210

トピックス　私の思うこと　―スポーツする楽しみを知ることは、
　　　　　　　　人と関わる楽しみを知ること―……………………………… 212
おわりに ……………………………………………………………………… 214

理 論 編

I 子どもの身体の変化を通して考える幼児体育

　36℃台という、人間にとってベストな体温に身体が落ち着き始めるのが、3歳頃であり、そのベストな体温づくりに必要となる、睡眠、栄養、運動の三者が現在失われてきているという事実を、見逃してはいけません。

1　よく眠る（睡眠）

　午前7：00起床、午後9：00就寝の生活リズムがとれている場合、幼稚園に登園する午前9：00頃に子どもたちの体温は上昇しだし、園内での活動が活発に活力あるものになっていきます。そして、午後に向けて体温の高まりのピークを迎えます。

　これが、現在の3歳児の52％が、午後10：00以降就寝であり、その場合で考えると、午前7：00起床の場合には、睡眠時間が9時間となり、午前8：00起床の場合だと体温上昇のリズムが、1時間遅れることになります。

　これが、今日、多く見られる、幼稚園児の「集中力の無さ」「反応の鈍さ」といった問題の大きな原因となっていると思われます。特に、朝に弱い子どもたちの増加が懸念されるところです。

2　よく食べる（栄養）

　栄養補給に必要な3食のうち、現在、一番の問題となっているのが、朝食の欠食です。朝食を食べない、また、パン食やケーキだけ等、量と質のバランスのとれていない朝食で済ませる子どもたちが増加してきています。1日のエネルギー源となる朝食の欠食は、子どもたちから活力を奪うだけでなく、朝の排便のない子どもたち、つまり、前日に取った食物残さ(ぎん)を体内に残したまま1日を過ごし、活発に活動できる時間帯（仲間と遊びたい時間帯）に排便をすることとなり、ただでさえ失われつつある日中の活動時間をさらに短くする誘因ともなっているのです。

3　よく遊ぶ（運動）

　親の時間に影響される生活リズムの変化が、習い事の低年齢化や遊び場の不足による子どもたちの周囲の環境変化と重なり合って、子どもたちに大切なあそび（運動）の不足を招いています。
　とくに、幼児にとって必要な、午後の外あそびが失われがちです。
　＊さんまの不足
時間……遊ぶ時間が失われている、外あそびの時間がとられていない
空間……遊び場が失われている
仲間……外で友だちといっしょに遊ぶことが失われている（テレビ、ビデオ、ゲーム等の増加）、リーダーのいないあそび

　以上のような事項により、午後3：00～5：00という、子どもたちに必要な外あそび（どろんこになり、汗をかいて遊ぶ）が失われてきています。そのために「おなかがすいた」「眠い……」という、本来、夜になれば必然的に起こる欲求が起こりにくくなり、1日に起こるべき体温変化のリズムが、うまく進まないようになってきています。

いっしょになって遊んでくれるリーダーの不足

　年上の子との自由あそびの中から必然的に起こった運動量の増加が、現代の子どもたちには失われています。同年代や親とだけでのあそび、また、屋内での運動量の少ないあそびしか経験しない子どもたちには、自発的に運動量を増やす術（あそび方）を知らずに過ごしている子どもたちも増加しています。

4　幼児体育の必要性

時間……午後の外あそびの場としての幼児体育の場
空間……安全な遊び場としての幼児体育の場
仲間……多数の友だちづくりのできる場としての幼児体育の場
　　　　あそびのリーダーとしての幼児体育指導者の提供
睡眠……疲れて眠くなる欲求を与える運動を提供する幼児体育の場
栄養……おなかがすいて、食べたくなる欲求を与える運動を提供する幼児体育の場
運動……楽しく、自発的に運動したくなる幼児体育の場

　以上のように、失われてきている子どもたちの成長に不可欠な環境を提供する場としての「幼児体育」を、改めて考えていきます。

5　指導者としての心構え

　幼児体育の現場では、子どもたちの成長の手助けとなるという意識は、技術を身につけることと同等に必要な事柄であり、幼児体育を通じて心がけ、保護者に対しての訴えかけも合わせて行っていくことが大切です。

子どもの心を通じて考える幼児体育

　少年犯罪の増加、身近な子どもの様子から言えば、すぐに物、人に当る子どもたちやけんかで相手の顔を平気で殴りつける子どもたち等、以前には見られなかった様子が起こっています。
　要因の1つとしては、テレビ、ビデオの長時間視聴の弊害が挙げられます。

〈日本小児科学会〉
　　長時間、テレビ、ビデオを視聴している子どもたちは、そうでない子どもたちと比べると言葉の発達が遅れる割合が2倍になる。

〈米小児科学会〉
　　乳幼児期にテレビを長時間視聴した子どもたちほど、7歳時に集中力が弱い、落ち着きが無い、衝動的などの注意欠陥障害になる危険性が大きい。

　2歳を過ぎると、自分でビデオを操作して見られるといった現状、田舎と呼ばれる地方ですら、民法の放送が始まったと同時に、子どものあそびに変化が現れたといった状況から見ても、テレビやビデオの視聴が、子どもたちの成長に大きく関わっていることは間違いありません。
　　　　　　　　　　　　　　↓

> 午後の外あそびの必要性からみても、テレビ、ビデオ以外のあそびを奨励するための一助としての幼児体育の意義は大きいと考えます。

チンパンジーの6倍にものぼると言われる、人間の前頭連合野は、「人間らしさ」と特徴づけられる理性や社会性を育み、主体性、独創性、幸福感、探究心などを支えながら将来の夢を育んでいきます。しかし、今の子どもたちに多く見られるゲームや漫画などの一方通行のあそび、いわゆる物との関わりからでは育ちません。友だちや家族、他人など、人との関わりの中から、教えられ、注意を受け、反省しながら育ちます。それはつまり、「高いレベルの心」を作っていくことといえます。

前頭葉に大きな傷害を負った男性が、その後、知識や記憶も失わず運動もできるようになったにもかかわらず、理性を失い、感情をコントロールできなくなり、暴力をふるったりといった、以前にはなかった行動をとるようになった事例もあります。

前頭連合野は8歳くらいまでに非常に発達するので、それまでにしっかりとした教育を受け、良い環境においてあげないと、「人間らしさ」はうまく育たないともいえます。生まれてから8歳までオオカミに育てられた少女カマラは、その後、手あつい看護や教育を受けましたが、人間らしさは育たず、笑うことすらなかったそうです。

また反対に、横井庄一さんや小野田寛郎さんのように、終戦からほぼ30年間ジャングルに潜み続けながら、その後、見事に社会復帰を果たしたという例もあります。

人間らしさを育み、幼児体育が提供できることとは……

① 人との関わりあいのある遊び場としての幼児体育
② 夢や目標を持たせる幼児体育
③ 主体的、独創的な取り組みを尊重した幼児体育：子どもたちとの会話、問いかけから出てくる、子どもの意思を尊重し、運動を好きにさせる関わりがもてる。
④ 大げさにほめることで、幸福感や満足感、達成感を味わわせてあげる幼児体育。良いこと、悪いことを、はっきり伝え、しつけていく幼児体育。

⑤　良い、悪いなどの社会的規範を8歳くらいまでに示すことのできる幼児体育。時に、技術指導以上に重要な場面として抽出することができる。
⑥　いっしょに遊んでくれる存在としての先生、コーチとしての関わりのもてる幼児体育。リーダー不足、異年齢あそびの不足を解消するためにも、積極的に関わる幼児体育。
⑦　自然探索のできる野外活動の提供のできる幼児体育。
　集中力や探究心、好奇心を高める場の設定、イベント、サマースクール等から、昔あった場面を現在に蘇らせることができる幼児体育。

III 幼児・児童の運動について

1　幼児期・児童期(前半)の運動に取り組むには

指導者が、関わりをもっている子どもたちが、現在どのような時期を迎えているのか、また、どのような時期を経てきているのかについての理解が必要です。

① 0・1歳　初歩的運動段階〈初歩的、基礎的運動技能〉
　　　　　（這う、つかむ、つまむ、寝返り等）
　　　　　　　　　↓
② 2～7歳　基本的運動段階〈基本的運動技能〉
　　　　　（走る、スキップ、投げる、蹴る、転がる、ぶらさがる等）

今日の子どもたちの体力・運動能力の低下は、上記の初歩的運動段階の経験不足が要因の1つと思われます。そのため、指導者は、運動技術の向上のみに目を奪われずに、子どもたちの身体についての発達段階も、十分に熟知した上で、子どもたちと関わっていかねばなりません。

とくに、3歳児（年少クラス）に関わる際には、年長、小学生のミニチュア版ではなく、2歳の時点の子どもの発達段階についても考慮し、指導内容を検討する必要があります。

2 運動の分類・振り分け

指導計画を立てる際には、バランス良く内容を配置することが重要ですが、以下の4つの身につけるべき基本運動スキル（図1）の分類を考慮して、計画を立てるようにします。

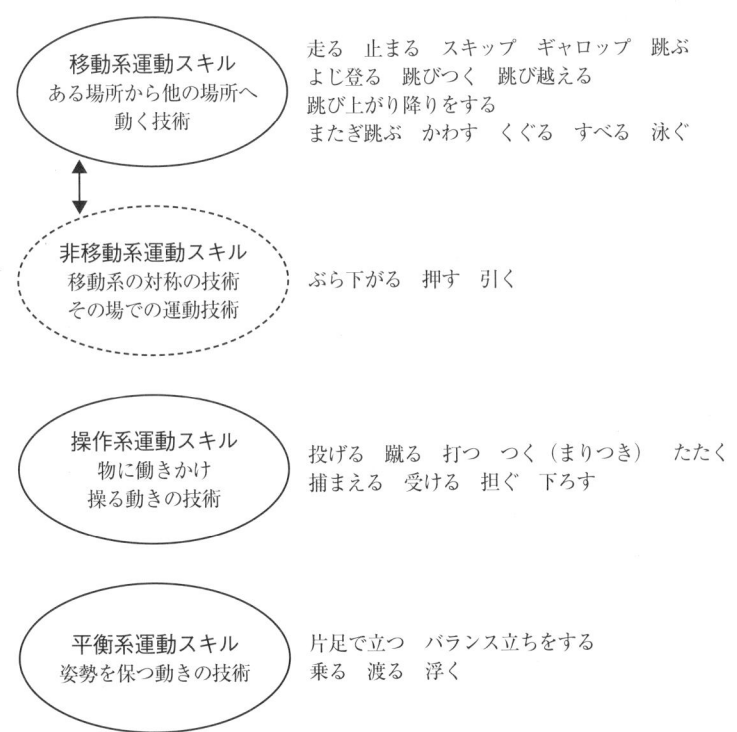

図1　4つの基本運動スキル

10   理論編

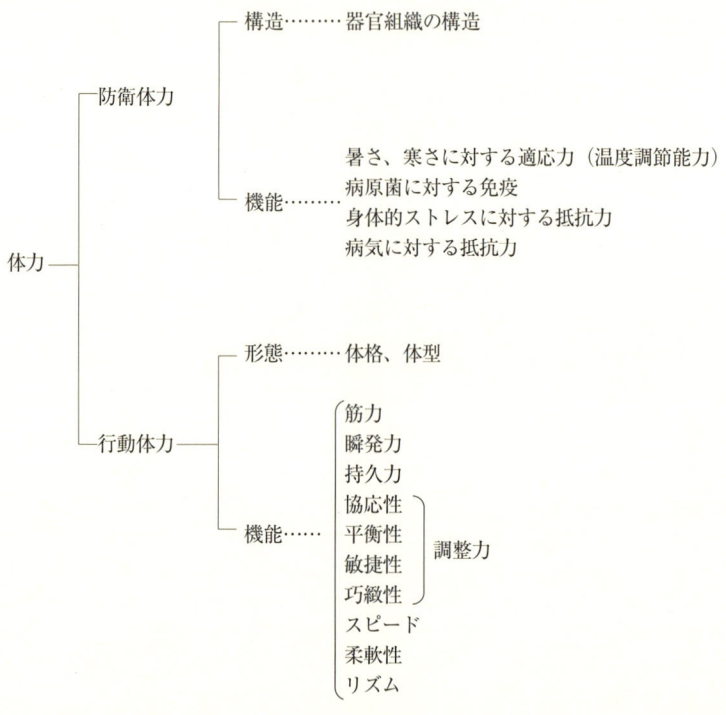

図2　体力

3 用語解説

指導計画を立てる際のねらい、目的の項目に記載すべき用語の解説を理解することが大切となり、このことにより、園の先生方や、保護者の方に向けた説明を、よりはっきりとさせることができるとともに、個々の指導者の計画に、正しい目的意識がもてるようになります。

表1　体力・運動面に関する用語

筋　　　力	筋の収縮による力
瞬　発　力	瞬間的に大きな力を出して運動する能力
持　久　力	長時間、継続して運動できる力 　　筋持久力 　　呼吸・循環器系の持久力
調　整　力	異なった動きを1つにまとめ、運動を効率よく行う能力
協　応　性	異なった部位の動きを1つの運動にまとめる能力
平　衡　性 バランス	身体の姿勢を保つ能力 ・動的平衡性　　・動きの中で ・静的平衡性　　・静止した状態で
敏　捷　性	身体を素早く動かし、方向転換したり、かわしたりする能力
巧　緻　性	身体を目的に合わせて正確に、素早く、滑らかに動かす能力 器用さ、巧みさ
リズム感	音、拍子、無理のない連続的運動を含む調子のこと
柔　軟　性	身体の柔らかさのこと、様々な方向に曲げ、伸ばしたりする能力
スピード	進行する速さ
身体認識力	手、足、膝、指などと、その動きを理解、認識する力
空間認知能力	身体の周囲の空間について知り、身体の方向、位置関係（上下、左右、高低）を理解する能力

4 運動種目によってのねらい

実施する内容によっては、動きの組み合わせがあるので、当然、ねらいも変わってきます。

また、社会性として、協力する態度や協調性なども含まれます。

表2　運動で育つもの・運動を行うねらい

運動種目	運動で育つもの・運動を行うねらい
マット運動	移動系運動スキル　巧緻性　柔軟性　筋力　空間認知能力 身体認識力　平衡性　回転感覚
跳び箱運動	移動系運動スキル　瞬発力　筋力　巧緻性　空間認知能力 身体認識力　柔軟性
鉄棒運動	非移動系運動スキル　筋力　持久力　協応性　平衡性 瞬発力　巧緻性　回転感覚　逆さ感覚　空間認知能力　身体認識力
平均台運動	平衡系運動スキル　移動系運動スキル　平衡性　集中力 身体認識力　空間認知能力
縄跳び運動	操作系運動スキル　協応性　瞬発力　筋力　リズム感 平衡性　身体認識力　空間認知能力
ボール運動	操作系運動スキル　協応性　集中力　空間認知能力 身体認識力

5　指導案作成——1コマの流れ

起承転結の流れを作りましょう。
　主題 ⇒ 目標 ⇒ ねらいの流れを理解します。
　指導者や園の先生方にしか通用しない言葉づかいや名称もあるので、他者にもわかるように解説文を加えておきましょう。

　指導の流れに問題はないか。導入、展開、整理という流れは、スムーズにできていますか。また、準備運動や主運動の時間配分は、適切ですか。
〈悪い例〉
① 導入、準備運動、隊形の移動などに時間がかかり、主運動が少ない。
② 流れが単調で、盛り上がりに欠ける。同じ種目の繰り返しに終わってしまう。
③ 内容が盛りたくさんであるため、コマ切れ的な指導になっている。
④ 主運動に至るまでの補助的な種目（例：前まわり運動へのゆりかごあそび）が少ない。いきなり前回りに入っている。

〈記入例〉

主題	その回に実施する種目	縄跳び運動
目標	主題の中で達成したい目標	前回し跳びのマスター
ねらい	目標を達成した場合に身につくもの	リズム感、敏捷性、跳躍力の養成と取得

	時間	指導内容	留意点
導入 (起)	5分	整列 挨拶 話	整列、姿勢、前へ習えのポイントも提示する。 声、姿勢、態度などにも留意する。 その回の内容などを説明する。
導入 (承)	5分	準備運動　その回の種目にあった内容 補助運動　年間を通じて伝えたい内容や転につながる内容	
展開 (転)	15分	その回の主題を目標に沿って内容を設定する。わかりやすくするために、絵、図を添えていくことも必要 順番で実施する種目の場合、子どもたちの流れも提示	ポイントをおさえた説明をする。
	10分	ゲームあそび　　図が必要	時間配分によって設定する。雰囲気づくりとして、運動全般の経験として行う。
整理 (結)	5分	話　今回の反省，感想 　　次回の内容について 挨拶	姿勢、態度、声の大きさにも留意する

⑤　導入——展開——整理という流れに一貫性がない。
　　（内容がばらばらで関連性がみられない。）

[その他の注意事項]
（1）待ち時間は短く、実働回数を多くする
① 子どもは順番を長く待つことを好まないし、それは運動への興味を失うことにもつながっていくでしょう。
② 運動欲求を満たしてやるねらいからも、回数を多く行わせましょう。
〈工夫例〉
・跳び箱運動のとき、次々に出発できるよう、あらかじめ1グループ（10名程度）ずつ、スタートの位置に並ばせておきます。

（2）運動量は適正にもたせる
① 筋力の負担の大きい運動（ウサギ跳び、犬歩き、手押し車など）や、肺・心臓への負荷が大きい運動（マラソン、なわとび等）を長い時間、または、長い距離にわたって行わせることは避けます。
② 平均台、鉄棒など、身体の移動が比較的少ない運動は、走、跳などの活発な動きを伴う運動と組み合わせて、運動量のバランスを考慮します。

（3）競争意識を正しく育てよう
競争意識は、3～4歳で約半数の子どもに認められ、5歳で顕著になります。このことをうまく指導に取り入れ、運動を競争的に扱うことは、子どもたちの意欲を高め、体力や運動技能を伸ばすことにもつながります。ただし、早くから競争する、勝負のはっきりするものを取り入れると、子どもの意欲を低下させる場合もあるので注意が必要です。また、自己の記録へ挑戦することも大切です。

（4）個人差に気をつけて指導しよう
① 年齢によって、これくらいはできるものだという一般論で、すべての子どもの体力や運動技能を推定することは危険です。
② 個々の子どもの運動経験の差や技能の程度を考慮しながら運動させないと、思わぬケガを引き起こしたり、運動嫌いの子をつくってしまうことに

なりかねません。

(5) 規則や約束事を守らせるように指導しよう
① 集団での活動にルールはつきものです。全員が楽しく運動するためには、絶対必要なこととして理解させましょう。
② ルールを破ったことで何かの問題が発生したら、それをうまく取り上げて、具体的に説明し、再認識させるようにしましょう。
③ きまりを破ったときは、あいまいにせず、厳しく指導していくことも大切です（特に、危険な行動をとった時）。
④ 集団のルールを守るということは、体育指導の重要なねらいであることを指導者は忘れてはなりません。
⑤ ただし、子どもの育ちを大切に指導することが重要です。

(6) 用具や器具の扱いは大切にしよう
① その用具があるから運動が楽しめるという、用具の大切さを認識させ、粗末に扱わぬよう指導します。また、指導者は、その手本となるようにしましょう。
② 用具を大切に使用させるには、その用具で行う運動に愛着をわかせることにもつながります。

6　指導内容

1) 指導種目の妥当性
(1) 子どもの年齢、能力に見合った種目を選定していますか。安易に、年少児から年長児まで、同種目を与えたりはしていませんか。
(2) 同じ種目であっても、年齢に応じた与え方を工夫しましょう。
　例：年中児……示範により理解させ、行わせます。
　　　年長児……説明により、考えて行わせます。
(3) 種目の応用をきかせて、幅の広い指導を工夫しましょう。

表3　目標設定

	年長	年中	年少
基本目的	良く聞いて行動する。 良く見て行動する。 良く考えて行動する。 何事もあきらめないで挑戦し、継続して練習する。 集団活動を通じて、協調性をもち、みんなで力を合わせて活動する。 『先生できない!!』ではなく、自分から何かをやり遂げることで達成感を感じる。 楽しく元気に体操をする。	良く聞く。 良く見る。 良く考える。 何事もあきらめないで挑戦し、継続して練習する。 『先生できない!!』は言わない。 ふざけて他の子に迷惑をかけない。 楽しく元気に体操する。	良く見る。 良く聞く。 運動用具を安全に使えるようにする。 楽しく元気に体操する。 いろいろと真似をしてみる。
マット	いろいろな前転	横転〜前転	マットあそび
鉄棒	逆上がり	ぶら下がる 前回り降り	鉄棒あそび
跳び箱	開脚跳び 　助走あり	開脚跳び 　助走なし	跳び箱あそび
縄跳び	その場跳び 　前、後ろ回し	歩き〜走り跳び その場跳び 前回し連続3回	縄あそび
ボール	ドッジボール	中あて	ボールあそび
水あそび	顔つけ〜もぐる	ワニ歩き	水あそび

例：マットの横回り

① 〈1人で〉おいもゴロゴロ、えんぴつまわり、けしゴムまわり（ひざ抱えで）

② 〈2人で〉手つなぎ、手足つなぎ、重なり（抱き合って、相手の足を持って）、丸太ころがし（1人が他の1人を転がす）

③ 3人組、4人組と人数を増やし、それぞれ手足をつなぎ合って回ります。

④ マットの下に跳び箱のヘッドを入れて、山と谷をつくり、そこを転がっていく等の変化をつけて行います。

　　3歳児から小学校低学年の子どもたちまで、幅広い年齢層が楽しむことのできる、いろいろな応用の仕方があることを認識しましょう。
(4) 子どもの興味の持続ということを考慮していますか。子どもは元来、移り気で、同じことの繰り返しには飽きてしまうことが多いものです。このため、内容の基本が同じでも、変化に富んだ指導を工夫する必要があります。
〈具体的な方法〉
① 相手を変える。
② 隊形や動きを変化させる。
③ 音の変化を工夫する。
　（手拍子、笛、タンバリン、太鼓、ピアノ等）
④ 反対の運動を行わせる。
　（高低、左右、強弱、前後、押引、開閉、静動など）
⑤ 連続、複合的に運動させる。

2）運動のねらい、ポイントの把握

　各種目達成のためには、ポイントの把握が必要です。また、個々の子どもが、何の理由でできないのかを見つける指導者の目（観察力）が要求されます。

子どもの行動を ┐ よく見て
　　　　　　　 ├ よく聞いて（どこ見てる？　今、どこに触ったかなぁ？
子どもの言葉を ┘　　　　　　　等の会話が大切）
　　　　　　　　　よく聞いて考える（なぜ？　どうして？）

ヒントを拾えるかどうか、が指導者としての大切な技量です。
　また、なぜ、この種目を取り入れたのか、この種目を実施し、達成していくことが子どもの何を養っているのか、をよく考えて実行することが大切です。
① 指導者自身が、ねらいやポイントがつかめないまま、種目を流しているだけということはありませんか。

② なぜ、この運動をするのか、大切なところはどこなのかを子どもたちに理解させましょう。理屈でわからなくても、子どもの感性に訴える方法はいくらでもあります。

7　指導法

基本的な指導のあり方を示しておきますが、実際は、状況に応じて対応していくことが大切です。

1）隊形

指導場所、天候、種目などの条件を考えて、その場に応じた隊形を選択することが子どもの注意をひきつけ、成果をあげる一因となります。

どの隊形においても、指導者の位置は重要ですが、状況に応じて、位置の修正を考えることが大切です。とくに、太陽の位置、子どもの視線に入るもの、用具の位置、指導者の位置などを確認しておきましょう。

〈縦列〉整列指導の際に有効である。
　利点：列の修正を要する場合などに確認しやすい。
　欠点：顔の見えにくい子ども（死角に入る）ができてしまう。

〈横列〉あいさつや指導内容の説明時に有効である。
　利点：全員の顔が見える状態で話すことができる。
　欠点：指導者の視線が一定の子どもに集中する可能性がある。

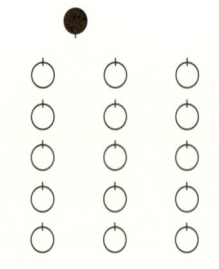

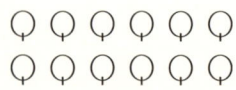

〈円形〉子どもたちの視線、集中を集める場合に有効である。
　利点：指導者に視線が集中する。

Ⅲ　幼児・児童の運動について　19

欠点：指導者の視線に入らない子どもが、多数出てくる。

〈扇形〉集合から話始めまでの時間短縮に有効である。

利点：人間の視野を知り、話手の見える位置を知ることができる。
　　　各々の判断、考えで自主的に位置を決められる。

欠点：理解できている子とそうでない子で、毎回、位置が固定してしまう場合がある。

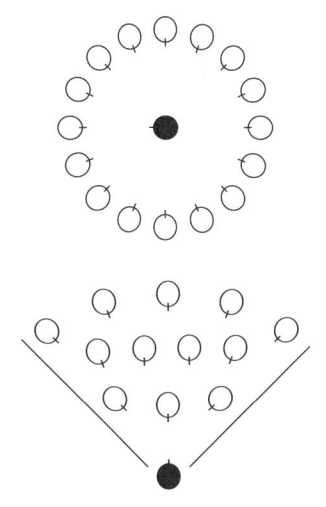

(1) 整列のとき

クラスの人数や施設の広さにもよるが、大体4列縦隊くらいが子どもたちも整列しやすく、指導者としても、全体がよく見えて把握しやすいでしょう。

(2) 話をするとき

横隊した方が、子ども全体がよく見えて話がしやすいでしょう。また、子どもたちも、指導者の表情や話しぶりを見ながら、話を聞くことができ、理解がしやすいといえます。話が長くなりそうなときは、座らせた方が集中できます。

(3) 準備運動、柔軟運動などのとき

横隊で行う方がよいでしょう。スペースが狭くても、できるだけ広く使って、逆に広いところは十分にそのスペースを活用して行いましょう。

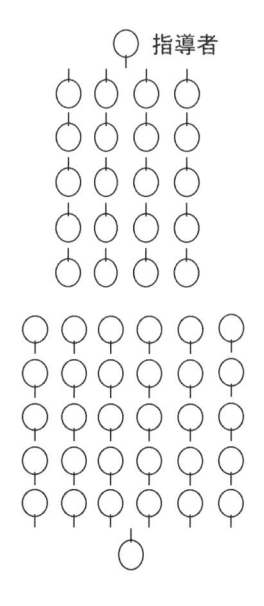

〈広がり方の例〉
  ① 飛行機のように手を広げて、回りながら、他児とぶつからないように離れる（年少、年中児向き）。
  ② 手をつないでピンとはってから、隣の子と離れる。
    先頭の子は動かない（年少、年中児向き）。
  ③ 両手を横に上げ、体操隊形に広がる。

(4) 示範するとき
　スタッフの動きがよく見えるように、前の列を座らせ、後の列は立たせるという配慮が必要です。

(5) 待機するとき
　友だちの行っているところを見やすい位置に待機させます。また、自分の順番が終わったら、どの位置にどのように待機するのかという指示を、前もってはっきりと行っておきます。

〈指示の例〉
  ① 終わった人は、元の自分の場所に行って座りなさい。
  ② 終わった人は、自分の列の一番後ろに並んで待ちましょう。

〈器具に対するときの子どもの待機位置〉

良い例　　　　　　悪い例（後の方の子は、前がよく見えない）

〈すわり方について〉
  ① 屋内……一般には、ひざを抱えて座る。いわゆる「お山座り」、「体操座り」がよい。
  ※なぜ、この座り方がよいのかを理解させます。
  ・足を伸ばすと狭くなって、前の子や用具に足が触れる。
  ・友だちが引っかかったり、上に乗ったりする危険性がある。

② 屋外……屋内と同様に、ひざ抱えで座らせる方法とお尻を地面につけないでしゃがませる方法がある。

(ひざ抱え座り)
　長所：しゃがませるより、地面への「お絵描き」、砂いじりも少なく、よく集中する。
　短所：冬はお尻が冷たくなる。雨の後は、お尻が濡れるのでできない。

(しゃがむ)
　長所：ひざ抱え座りでの欠点は補える。
　短所：目がどうしても地面へいくので、「お絵描き」、「砂いじり」が多くなる。手を組ませるか、ひざの上に置かせるようにした方がよい。また、この姿勢は長くなると疲れるので注意する。

(6) 子どもの方向や位置について
　① 屋外では、太陽に背を向けるように位置させる。
　② 子どもの気が散らない方向や位置を指示する。
〈例〉他の子が遊んでいたり、見学の保護者がいる方向を向くような位置を避けるよう配慮します。

2) 説明、示範

　指導の成果をあげるためには、ポイントをおさえた説明（3項目程度）と、良い例、悪い例を的確に表現した示範が重要です。

　示範は、まのあたりに動きを見せることによって理解させやすいという特長があります。その点、説明による方がやや高度といえます。

　伝えたい項目がまとまらず、数が多すぎると焦点がぼやけて、成果があがらないので注意します。

　ポイントをおさえた説明が最も重要です。

　お手本を見て真似をすることが、成果をあげる第一段階ですが、この際の示範が的確でないと成果があがりません。良いお手本を示すことが重要です。

　① 子どもがはじめて経験するときには、年齢が下がれば下がるほど、示範による方がよくわかります。

② 今までに経験していることは、説明だけで思い出させ、考えさせて行わせることも必要です。
(1) 子どもから指導者がよく見える位置で説明します。また、必要に応じて、黒板を使うと、一層、わかりやすいでしょう。
(2) 説明のとき、前の方の子ども、あるいは一方の列の子どもだけに眼を向けることのないように、全体を視野に入れて説明しなければなりません。
(3) 説明が長かったり、難しかったりすると、子どもは興味を失い、意欲をそがれてしまいます。
(4) 最初に全部を説明してしまうのではなく、大切なポイントのみを指摘し、活動させながら少しずつ説明を加えていく方が効果的です。

　　例：前まわりの説明
　　① 悪い例──「手は肩幅くらいにして、マットにしっかりついて、眼はおへその方を見て回りましょう。回るときは、頭のうしろがマットにつくようにして、起きるときは……。」
　　② 良い例──「マットに手をペタンとついて、おへその方を見て回ってみましょう。」
　　　※このあと少しずつ、両手の幅、後頭部をつくこと、起きるときの注意などを加えていくとよいでしょう。

(5) 説明は、指導者から子どもへの一方通行ではなく、「問い」→「答え」の交流が必要である。指導者の適切な問い（発問）は、子どもたちの的確な答えを引き出し、理解をさらに高めるのに役立ちます。

　　例：前回りの上手な見本と下手な見本を、ボールと積み木を題材にして理解させようとする場合。
　　指導者「ここにボールと積み木があるけど、前回りをしたらどっちが上手だと思う？」
　　子ども「ボール」（ほとんどの子はこう答えるはず）
　　　──ここで実際に、マットの上で実験してみるとよい。
　　指導者「じゃあ、どうしてボールの方が上手に回るのかな？」
　　子ども「丸いから。」

指導者「そうだね。だからみんなが前回りをするときにも、からだをなるべく丸くして回った方が上手にできそうだね。積み木のような前回りにならないようにね。」
(6) 示範は、大きな動きでオーバーなくらいに行った方がよくわかります。
(7) 指導者は、上手な見本はもちろん、下手な見本もうまくできなくてはなりません。
(8) 子どもの示範も効果的です。特徴のある上手な子を選んで、子どもたちの前で見せるとよいでしょう。

　〈効果的〉
　　① 他の子にとって、その子が目標となり、励みになる。
　　② 示範した子どもにとって、非常に自信がつき、意欲が増す。
(9) 子どもの示範の際には、単に「上手だから見てごらん」だけでは、どこがよいのかわかりにくい。見るポイントを示すとともに、どこが上手なのかを、子どもに見つけさせる等、焦点を絞ることが大切です。
(10) うまくできない子を下手な例として、みんなの前で行わせることは、絶対に避けましょう。当人の自信を失わせ、他児にとっても、その子に対する悪いイメージを固定化させてしまうことになります。

　3) 助言、励まし方
　指導の成果をあげるためには、適切なアドバイスとよいタイミングでの励ましが重要です。何が理由でできないのかを発見する目をもち、それに合わせた言葉を探し選び、アドバイスを与えていくことが大切です。

　　例：視線はどこに？　上？　空？　おへそ？　うしろ？　手首をかえさない？　親指を外に向けて？
「あと少し力を入れれば」、「その瞬間に跳べることができたら」、「転んで泣いている」、「やりたくないと言い出した」等、子どもにとっての悪い状況を転換させてあげるよいタイミングでの言葉がけを与えてあげます。

　　例：踏み切る瞬間の『そーれッ』の一声
　　　　『できなくてもいいから、もう1回やってみようよ。』

　　　　『やりたくなければいいけど、跳んでるところが見たいな。』
(1) 限られた時間の中でも、できる限り一人ひとりの語りかけとアドバイスを工夫します。
(2) 子どもの意欲を引き出すような言葉かけの工夫をします。
　「もうちょっとなんだけどなぁ。今度はこうしてごらん。きっと上手にできるから。」
　「きょう初めてしたんだから、そんなに急にうまくはできないよ。これから一生懸命練習しようね。」
　かけっこが苦手な子には、「残念だったね。でも、走るかっこうはきれいになったよ。今度またがんばろう。」
(3) 子どもの性格や運動能力に合わせて、適宜、言葉かけやアドバイスの内容が変えられるようにします。
　　例：「平均台歩き」のとき
　　① 落ち着きのない乱暴な子
　　　「ゆっくりね。急がないで。」
　　② 気が弱く、臆病な子
　　　「あわてないで、大丈夫だから。」
(4) 「がんばれ！」「しっかり！」も、ときには大事ですが、具体的に、どこをどのように直したらよいのかが伝わるアドバイスがより重要です。指導の不十分さを、「がんばれ！」で乗り越えさせようとしてはいませんか。
(5) できない子、わからない子へ、直接、手を出してしまうのではなく、アドバイスの仕方を工夫し、言葉で励ますようにしましょう。指導者の手が加わり過ぎれば、本当の意味で、できたことにはなりません。
(6) 能力をより発揮させるには、具体的な目印（目標）を与えましょう。
　　㋐ 言葉のみの指示
　　　例：「遠くに跳びなさい。」
　　　　　「高く跳びなさい。」
　　㋑ 具体的な目標の設定
　　　例：「この線まで跳びなさい。」

「跳びあがって、先生のタンバリンを叩きなさい。」

年齢が下がれば下がるほど、㋐よりも㋑の方が理解しやすく、能力も発揮できます。

(7) 能力の高い子には、できたことでおしまいにせず、具体的な助言を与え、さらに新しい課題に挑戦させるように指導します。

例：とび箱「腕立て開脚とびこし」の指導

目標の高さが跳べるようになったら、次のような課題を与えます。

① 空中姿勢をきれいに
② 着地がぐらつかないように

(8) 能力の高い子や低い子は目立つので、それなりの助言や励ましも適宜行えるが、目立たない子や中くらいの能力の子はつい見落としがちになってしまいます。一人ひとりに目を光らせましょう。

4）ほめ方、叱り方
　　――「ほめるとおだてる」と「叱ると怒る」の違い――

子ども自身がやったという自覚がない状態で『うまいねぇ』を連発しても無意味です。子どもの小さな成功を見つけ、大きなアクションのほめ言葉をかけることが、子どもにとっての大きな自信となります。さらに、握手、抱擁などのスキンシップは、より有効です。

感情からだけで理由説明がなく、改善してあげたいのに心がこもっていないものは、何を言っても怒りでしかありません。子どもとはいえ、心を込めて叱れば、必ず通じます。だから、悪いことは「悪い」と、はっきり叱ってあげるようにすることが大切です。叱った後のフォローが大切です。

(1) ほめられてうれしくない子はいません。子どもの変化や進歩に、一つひとつ目を向けてほめるようにしましょう。ほめられたことで、またがんばれるようになります。

「よくがんばったね。」

「上手になったね。」

「よし、いいぞ！」「おっ！　よくできたな。」

「こんどはうまくいったね。」

「だんだん上手になってきたよ。」

「かっこいいなぁ。」

「すごい！　体操の選手みたい。」

ただし、見え透いたほめ方をしてはいけません。

(2) 幼児の場合は、スキンシップを伴うほめ方が有効です。

　　例：頭をなでる

　　　　・抱き上げる

　　　　・手を取ってほめる

(3) どんな子にも、ほめるところはあります。ないと思うなら、それはないのではなく、指導者によく見えていないだけです。

(4) 叱るときは、短く簡潔にしましょう。感情的に興奮して怒ったり、おどしや皮肉を言って叱ってはいけません。

(5) 「こら！」と叱っても、叱られた理由がわからない場合もあります。なぜ叱られたのか、子どもに理由を話すことが必要です。わからないままにしておくと、同じことをまた繰り返します。

(6) きつく叱った方が効き目がある子、やんわりと諭すようにした方がよい子がいるので、子どもたちの特徴に応じて、叱り方に強弱をもたせます。

(7) 「うるさい！」「静かにしなさい！」等、その場限りの一点張りの叱り方ではだめです。また、笛を威嚇的に吹くのも避けましょう。

　　なぜ、子どもたちが話を聞こうとしないのか、なぜ、騒がしいのか、指導の進め方や話の仕方に問題がなかったか等と、指導者は自らを省みることを忘れてはなりません。

(8) 叱る目的をしっかりさせ、効果的なタイミングを選んで叱ります。

　　例①：マット運動の際、足を投げ出して座っていたところへ、他の子がマットから転がり出て、その脚の上に乗ってしまったとき。

　　　　「ほら、座り方が悪かったからよ。お友だちもあなたも、ケガをするかもしれないよ。気をつけなさい。」

　　例②：説明しているとき、隣の子にうるさく話しかけたり、ふざけてして

いる子には、すかさず、「〇〇君、今、先生が話したことをもう一度話してごらん。」と問いかけ、次に、「ほら、ちっとも聞いていないからでしょ？　それに隣の××君にも、先生の話が聞こえなくなりますよ。」と結びます。

　約束を守らないと失敗する、人に迷惑をかけるということを、再認識させることが大切です。

(9)　2つほめて、1つ叱ろう。ほめることと叱ることのバランス調整をしましょう。

5）言葉づかい

　子どもと同じ言葉で会話をすることだけが信頼関係と考えるのは、大きな勘違いです。時と場合に応じて、言葉を使い分けなくてはなりません。

　意識の中から、指導者（先生）であることを忘れずにいることが求められます。

　また、子どもの心にどう響くのかをよく考えてみることが大切です。

　　例：厳禁（バカ、チビ、デブ、へたくそ等）

1）幼児語（おてて、おひざ等）は、最小限度に、使用を抑えます。

2）難しい言葉は避けます。子どもが知っている言葉かどうかの判断を的確にします。

　　例：幼児に「集合！」「起立！」「交互に」「後ろの2列」などの言葉や表現は、理解できません。

3）乱暴な言葉や差別的な言葉は、避けましょう。

　①　「オイ、コラ！」「〜じゃねえか。」「ボヤボヤすんな！」
　②　「バカヤロー」「下手クソ」「泣き虫」「弱虫」「グズ」「のろま」

4）軽薄な言葉もやめましょう。はやり言葉もよく吟味して使うことが大切です。

　指導者としての教養とプロ意識を疑われることのないように、また、子どもたちに与える影響についての自覚をもつことが大切です。

6）声の大きさと強弱、話し方

　大きな声が出せて、はじめて小さな声が活きてきます。例えると、スピードボールがあって、はじめてチェンジアップが有効になることと同様です。スピードの出せない子のスキーの上達は遅いものです。

　経験の浅い指導者は、まず、声がかれる程の大声を出してみましょう。

　大声が、人を振り向かせるのは間違いありません。

(1) さあ、振り向いてくれた子どもたちを、どのように集中させるかがテクニックです。
　・突然5秒黙ってみたら？
　・急に座って地面に何か書き始めてみたら？
　・小さな声で独り言をつぶやいてみたら？

(2) 自分を見てくれる人の話は、聞いてみたいものです。
　・視線を常に全員に向けて送ってみること。
　・この子に伝えたいと思ったら、その子だけをしっかり見て話すこと。
　・真剣に伝えるには、トーンを抑えた話し方を、雰囲気を盛り上げるには、テンションをあげて笑顔で語ろう。
　① 必要以上に大きな声を出さないでおきます。
　② 逆に声が小さすぎてもいけません。全体によく聞こえない、覇気が感じられない等のマイナス面がでてきます。
　③ 声の強弱を使いわけることも必要です。
　④ 発音ははっきりと、話し方にメリハリをきかせることが大切です。
　⑤ 早口では、子どもが内容を理解できません。意識して、ゆっくり話しましょう。

コラム

　2009年度まで、プロ野球楽天イーグルスの監督を務めていた野村克也さんの著書に、こんな言葉がありました。「分析、観察、洞察、判断、記憶」というものです。

　野村さんいわく、「分析とは、データを元にして考えるということ。観察とは、目に見えるものから情報を引き出す力。洞察とは、目に見えないもの、すなわち心理を見抜く力。判断とは、これらの情報をもとにして、最善の策を選択すること。そして記憶とは、これらに基づいた実体験を多く情報として残しておくことが成功の確率を高めるのだ」と、書かれています。

　これを幼児体育の指導に置き換えてみるとどうでしょうか。子どもたちの情報をデータとして分析し、行動をよく観察し、さらに子どもたちの心の動きを見逃さず、よい判断で、よい指導を心がける。そして、その情報を記憶と記録で蓄積していく。何か幼児体育指導者として大切なことが、含まれているのを感じます。

　その中でも、心がけていかなければいけないことに、『観察』があります。「なぜできないのかな」「できる子とできない子の違いは何なんだろう」。そんなことを、みつける目が大切だと思います。

　先日、指導者同士が話していた話題で、ジャングルジムにうまく登れない子は、まず、縦の棒をつかみにいくことに気がついた、というものがありました。もし、その『分析』が本当に正しければ、「横の棒をつかんでみたら」という言葉がけで、その子たちは、今までみることのできなかった世界を体験できるかもしれません。

　また、縄跳びのできる子を、『観察』していたところ、その子たちは、まず手を横に広げてから回転をしていることに気づきました。そこで、『判断』として、胸を開く体操を取り入れたり、横に開きやすいように縄をもった手をまっすぐ前にのばすポーズから跳ばせる等の対応策をとったところ、跳べるようになる子が飛躍的に増加したのです。

　決して、できることが全てだというのではありません。できたことの達成感や満足感が、子どもたちを大きく成長させるという『洞察』と蓄積された『記憶』をもとにしているだけにすぎないのですから。

　今後も、幼児体育指導者として、子どもたちの「生き生きとした未来のため」に、多くの『記憶』を蓄積していきたいものです。

IV 運動会について

1 運動会とは

　運動会の始まりは、明治7年に東京・築地の海軍兵学寮にて、イギリス海軍士官の指導で導入された『競闘遊戯』会とされています。その後、明治16年、東京大学にて、運動会（現在の陸上競技大会に似ていた）が開催されました。
　この運動会は、英人ストレンジ教授の尽力により開催され、以下のような考えを日本人に教えてくれ、後のアマチュアポーツの考え方の基礎となりました。
　① 練習し、全力で試合すること。
　② ルールにしたがい、公平・公正に試合すること。
　③ 試合の記録を大切にすること。
　④ 賞品をあてにしないこと。
　このなかで、④は、それまでの「よくやった、ほうびをとらせるぞ」というやり方から、メダル等を授与するというやり方への変化をもたらしました。
　また、明治20年頃からは、きびきびとした動作を求めるようになり、現在まで残る、開会式での入退場や整列などをしっかりさせるように練習する風習になっていきました。その裏側には、軍国主義への道があったようです。
　このように、現在、幼稚園や保育園で行われている運動会には、明治時代に始まった日本固有の考え方や方法が残っているのです。

> **運動会豆知識　その1**
>
> 　昔、小学校は規模が小さかったために、近隣の学校が集まって行う連合運動会が多かった。
> 　なんとその際に、歩いて会場まで移動していたことが、今日の『遠足』の始まりとなった。

2　運動会の企画と運営

　幼稚園、保育園での大イベント「運動会」では、参加するすべての人が楽しく、そして、安全な一日を過ごせるように、「アイデア」を出し合って企画し、運営していくことが求められます。ここからは、運動会本番に向けた「アイデア」や保育現場の取り組み等を紹介してみます。

　よく見られるのが、運動会前1カ月ぐらいをかけて、種目の完成を目指して練習する姿ですが、その際に見過ごされがちなのが、子どもと保育者との信頼関係や保育の一貫としての教育的配慮、段階を踏んだ指導です。

　「完成させなければ」という保育者の思いと、子どもたちの「大変だ、厳しい」という思いが相反してしまうと、当然、両者にストレスが生まれてきます。ぜひ両者の思いや願いを共有して、楽しめる運動会を目指してほしいものです。

　教育的な配慮の面からは、例えば、組立体操では、まず、1人で身体のバランスをとり、できたら2人組で挑戦します。そのような繰り返しの中で、1人の達成感から、仲間との達成感、自信や向上心が芽生えてきます。さらに、人数が増えていくと、自己主張からトラブルも起こります。そのような場面を通じて、「自分たちで問題を解決する」ように促していきながら、協調性やコミュニケーション能力などを学ばせていくこともできます。さらには、身体を支えたり、乗ったりの場面で、正しい動きを身につけ、ルールを守ることで危険を回避し、より楽しめることを伝えていくことが大切です。

　また、必ずといってよいほど、プログラムに入っている「リレー」ですが、本

番と同じ形式の練習では15人以上の大人数での全体リレーとなり、長い時間をかけても一人ひとりの経験は数十秒で終わってしまいます。確かに仲間との達成感や勝利の満足感は味わえるかもしれませんが、ちょっと工夫すれば、経験も増やせてより多くの経験をつむことができます。まずは、少人数でのリレーあそびを取り入れてみましょう。少人数のため、「自分の順番」が早く回ってくるために、役割がわかりやすく、集中して参加できます。エンドレスのリレーあそびから始めて、少人数での競争形式、そして、全体リレーへ段階を踏んでいくと、自然に子どもたちだけでも一体感のあるリレーが行えるはずです。

　次に、プログラムを企画する際のポイントについて、ふれてみます。

　運動会の種目としては、競技種目、演技種目、レクリエーション種目があり、これらは、参加者のレベルによって、演技種目にも、レクリエーション種目にもなりますので、全体のバランスをみて配置してみましょう。また、3、4、5歳児ごとに、レベルや目的を変えていくことで、園全体の保育の様子が、より保護者に伝わりやすくなります。

　運動会は、子どもたち以外にも、通常は園の様子をみることの少ない保護者や祖父母の方の参加も予想されます。父親の力強さを見せる競技種目や親子のスキンシップを感じられる親子種目、祖父母の方にも園を感じてもらえるレクリエーション種目など、アイデアを出し合って、ぜひプログラムに加えてみたいものです。ただし、普段、運動の少ない方もいらっしゃるので、準備運動を充分に行うことや、祖父母の方（特に高齢の方）は、上下運動や跳躍運動の多い種目は転倒の危険や膝を痛める問題が生じる可能性が高いので、内容の選択に注意しましょう。

運動会豆知識　その2

　運動会の会場にはためく万国旗のルーツは、大正時代の人々が港に停泊する外国船の国旗が風に揺られる様子を見て美しく感じたことと、外国への強い関心とあこがれが引き金となって、それまで装飾の主流だった「ちょうちん」に替えて、各国の旗を用いはじめたそうです。

V 運動会の実際

1 準備運動

(1) 準備運動(リズム体操)とは

大きなかけ声とともにする体操が一般的ですが、準備運動とは、いったいどういったものなのでしょうか。

準備運動は、身体の各部位を伸ばしたり縮めたり、回したりジャンプしたりして、あとに行う運動を安全に効率よく実施できるように、筋肉の緊張をほぐし、関節の可動域を広げ、血液循環をよくしたり、体温を高めていくものです。

運動会の場合は、かけっこのような競技種目、パラバルーンや組み立て体操などの表現種目が、ケガなくできるように行うものと考えられます。

体操でなくても、走ったりストレッチ運動を準備運動にしても問題ありません。子どもたちが、楽しく身体を動かしている裏には、安全に動けるための秘密が組み込まれています。このような効果を取り入れた準備運動を、リズム体操をとりあげて、紹介します。

(2) リズム体操の実際

リズム体操は、音楽に合わせてダンス要素を加えながら、動いていきます。わかりやすい大きなリードとキューイングが必要です。子どもたちは、模倣の天才です。

実際の現場で、踊りながら、指導者が鼻の頭がかゆくて触ったら、それも踊

りと思ったのか、同じように触ったという実例もあったそうです。

（3）動きをわかりやすく伝えるための10か条
第1条　年齢が低いほど、音節を短く
第2条　語尾までしっかりハッキリと
第3条　声のトーンを動作に繋げる
第4条　動作によってはメリハリを!!　早く、ゆっくりと
第5条　発達状況にあったスピードで語る
第6条　語りすぎは、子ども（父・母）の耳をふさぐ
第7条　受け取り側に理解できる言葉で!!　擬音語をうまく使おう!!
第8条　体験を考慮しての創造を大切に
第9条　子どもが大好きな要素も取り入れて
第10条　自分自身がおもいっきり楽しもう!!
　この10か条にもとづいて、幼児対象の準備体操と親子体操を行います。

2　競技種目

　運動会の歴史で調べていくと、イギリス海軍士官の指導で導入されたアスレチックスポーツ「競闘遊戯」会の中の競技種目で、現在に至るまで繋がっているものが多くあります。いくつか挙げると、幅跳びを「とびうおのなみきり」、高跳びを「ほらのあみごえ」、棒高跳びを「とんぼのかざかへり」、2人3脚を「てふのはなおび」という種目名で行われていました。
　① 競技種目の長所
　　・競争意識が高まり、盛り上がりやすい。
　　・見ている人も、いっしょに盛り上がることができる。
　　・大人から子どもまで、いっしょに楽しめる。
　　・仲間と協力して行える。
　② 競技種目の短所
　　・勝ちと負けが、はっきりしている。

- ケガの危険性がある。
- ルールをしっかり設定しないと、不公平になる。

③ 本番でのアイデア
- 3歳児のポイント

  力いっぱい走っている姿を大事に、意欲的に取り組む姿を大切にします。
- 4歳児のポイント

  1人で競い合うかけっこや障害物以外の競技種目は、2人組以上にして、協力している様子がわかるようにします。
- 5歳児のポイント

  2人組以上の競技に関しては、「状況に応じて、自分で判断し、行動する」ができるものをねらいにします。
- 親子競技種目のポイント

  抱っこやおんぶといったスキンシップを自分の親以外の人にしてもらう経験ができるように配慮します。
- 保護者競技種目のポイント

  1回で終わるより、何度も参加できる種目がおすすめです。エンドレス形式なら動く機会も増え、繰り返すほどに腕前が上がり、よりチーム内で達成感を感じることができるようになります。

3 競技種目の紹介

① 運動会でよく行われる種目をアレンジした競技
- なんでも玉入れ

② 廃材を利用し、製作した物を使っての競技
- 郵便屋さん

③ 親子ペアで様々なバリエーションで行う親子競技
- 仲良し帽子リレー　　・だっこでボール渡し

④ 用具を使用せずに、その場ですぐにできる競技
- わっかくぐりリレー　　・くぐってだっこして

なんでも玉入れ

【あそびで育つもの】
・操作系運動スキル（的に投げ入れる）・筋力・瞬発力・調整力・集中力
・空間認知能力

【あそびの準備】
・玉（参加人数×2）　・玉入れカゴ（2）
・円（1）……直径8m
・待機ライン（2）……中央に位置した円より3m離れた2箇所にラインを1本ずつ引きます。

【あそび方】
① 子どもたちを赤・白の2チームに分け、1列で向かい合って、待機ラインの手前に並ぶようにさせます。
② 中央の大きな円の中に、玉をばらまいておきます。
③ 指導者のスタートの合図で、円の中にある玉を拾い、自分のチームのカゴに入れていきます。赤チームは赤カゴ、白チームは白カゴに玉を入れます。
④ 玉は落ちているものなら、どの玉を拾って投げてもよいです。
⑤ 指導者の終わりの合図で玉を置き、待機ラインまですばやくもどり、しゃがみます。
⑥ 指導者が声を合わせてカゴに入った玉の数を数えます。数の多いチームの勝ちです。

【MEMO】
・玉は、紅白玉や、新聞紙で丸めた玉、顔を描いた玉など、いろいろな玉を用意しましょう。保育時間中に、子どもたちといっしょに玉を作ることで、

個性的な玉もでき、子どもたちの気持ちも高まるでしょう。
・未就園児が行う場合は、保護者に抱っこしてもらい、カゴに玉を入れるとよいでしょう。その際、勝敗のつく競技にはせずに、玉を入れるだけで楽しいあそびにするとよいでしょう。
・4歳児が行う場合は、カゴを低く調整したり、玉を持ちやすい大きさに作るとより楽しめるでしょう。
・6歳児が行う場合は、カゴを高めに調整したり、大きめの玉を作ったりして、カゴに入りにくくすることで、難易度が上がり、6歳児でも楽しんで行えるでしょう。
・顔の描いてある玉を入れたら2点分になるというルールを設けると、玉を拾うときの楽しみも増え、より盛り上がるでしょう。

郵便屋さん

【あそびで育つもの】
　・操作系運動スキル(運ぶ)　・筋力・協応性・巧緻性
　・身体認識力・空認知能力

【あそびの準備】
　・紐(チーム数)……10mの紐をダンボール箱に通します。
　・ダンボール箱(チーム数)……立方体に組み立てた物
　・スタートライン兼ゴールライン(1)
　・ペットボトル(チーム数)……郵便物にみたてる物
　・籠(2×チーム数)……郵便物を入れる(ペットボトル)
　・アンカータスキ(チーム数)

【あそび方】
　① 各チームは、スタートラインの手前に2列で並びます。
　② 2人でダンボール箱の両サイドを持ちます。
　③ スタートラインから郵便局まで、荷物をもらいに行きます。
　④ 郵便局からの荷物をダンボールの上に乗せて運びます。
　⑤ ゴールまでもどって来たら、荷物を置いて次の組と交代します。
　⑥ アンカーの組が一番早く帰ってきたチームの勝ちとなります。

【MEMO】
　・ダンボール箱の紐を通す穴の大きさを変えて、荷物を運ぶバランスを、難しくしてもよいです。
　・年少・年中組で行う場合は、郵便物を通園バッグや人形など、ダンボールから落ちにくい物にします。
　・親子競技の場合は、お菓子やバケツ・ジョウロ等のお土産を運ぶようにし

V 運動会の実際　39

てもよいです。
・運動強度を上げる場合は、郵便局の後に荷物を置き、郵便局まで行った後、
　走って荷物を取りにいき、その荷物を乗せて帰ります。

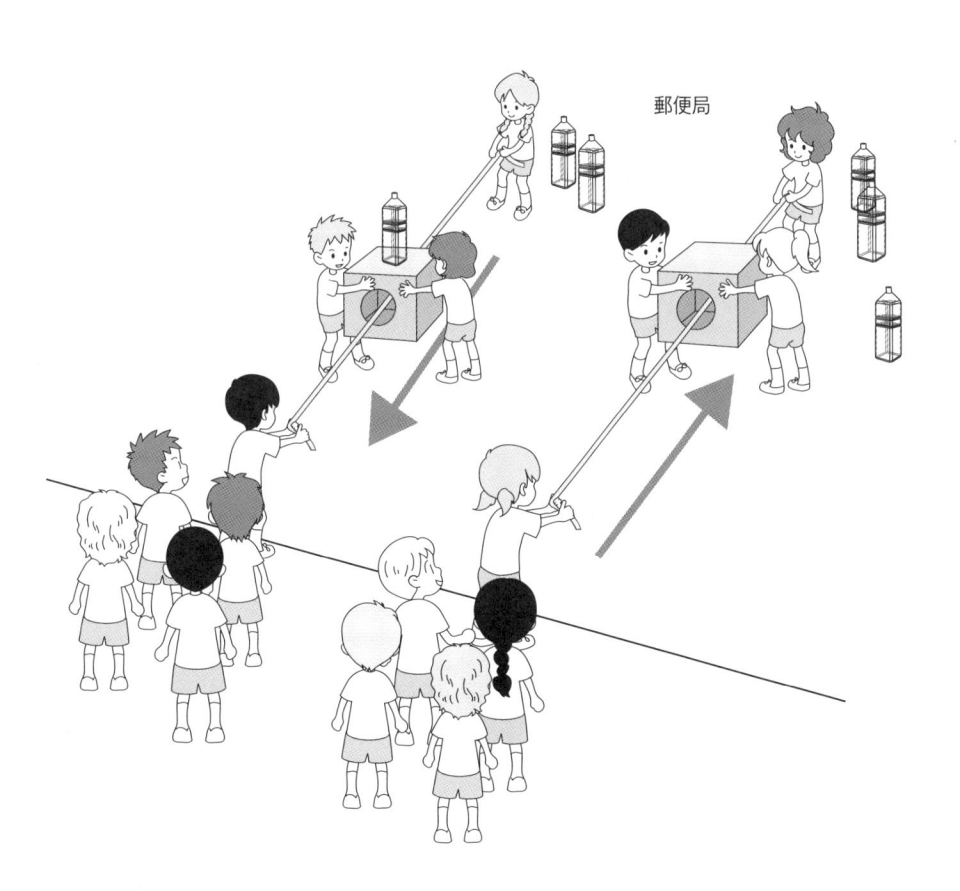

仲良し帽子リレー（親子競技）

【あそびで育つもの】
・移動系運動スキル（走る）・巧緻性・リズム感・協調性
・身体認識能力・空間認知能力

【あそびの準備】
・スタートライン兼ゴールライン（１）
・コーン（１×チーム数）
・仲良し帽子（１×チーム数）……ひもで繋がった２つの帽子
・アンカータスキ（１×チーム数）

【あそび方】
① 親子２人組の７組で、３〜４チームを作ります。
② 最前列の子どもは、親と手をつないで仲良し帽子をかぶります。他の子は、親と手をつないで並び、座って待ちます。
③ スタートの合図で、コーンをまわってラインまでもどり、帽子を次の親子に渡します。
④ 途中で帽子が落ちた場合は、落ちた場所で親子で両手をパンパンと合わせ、帽子を被って再開となります。
⑤ 次の親子は、帽子をかぶったら、走ります。
⑥ アンカーの子が一番早くもどってきたチームの勝ちとなります。

【MEMO】
・この競技は、年少組向けの競技です。
・未就園児（２・３歳）の場合は、スタートラインの反対側にゴールラインを設置し、途中でお土産を拾って、ゴールラインまで走るとよいでしょう。
・年中組が行う場合は、手を離して走る・簡単な障害物を置く等すると、も

りあがるでしょう。
・年長組が行う場合は、難しい障害物を置く等すると、課題が難しくなり、もりあがるでしょう。
・帽子を4個つなげて、親子2ペア（4人組）で行うとより協調性が養われるでしょう。
・障害物として、平均台でバランス渡り（平衡感覚）、跳び箱で登り降り（巧緻性）を行ってみましょう。
・保護者同士の競技で、1人がボールをドリブルし、1人がいっしょに走ると、動きに変化がでるでしょう。

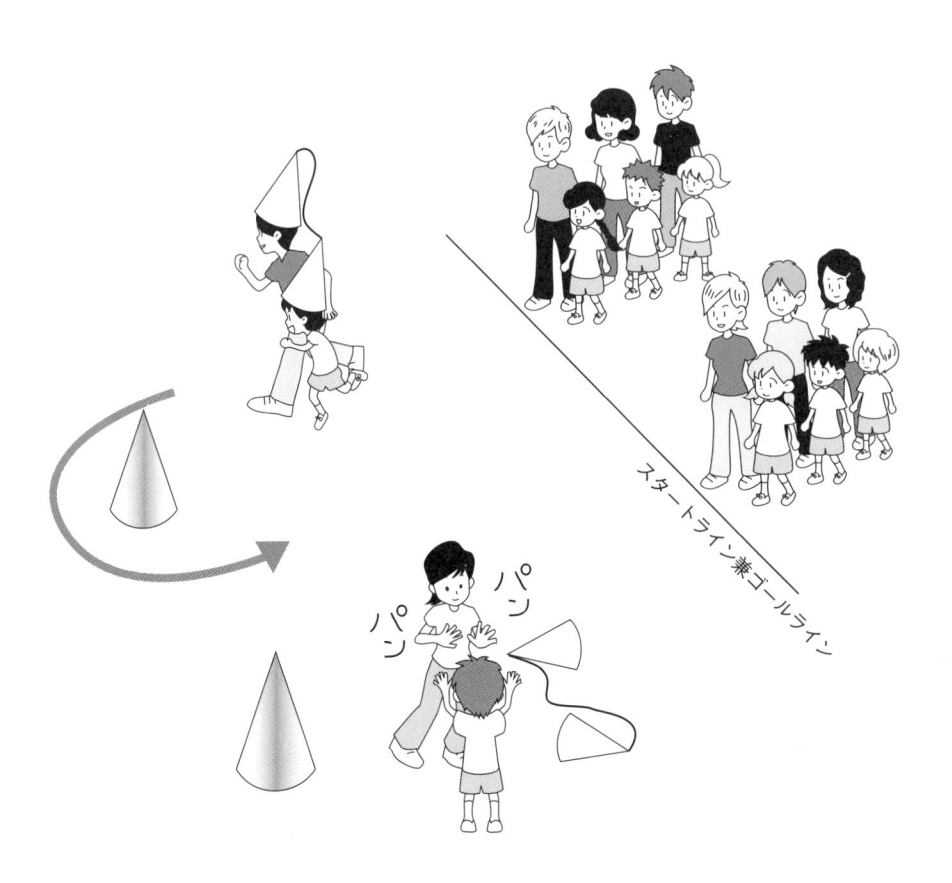

だっこでボール渡しリレー

【あそびで育つもの】
・移動系運動スキル（走る）・操作系運動スキル（コップにボールを乗せる）
・調整力・協応性・敏捷性・スピード・身体認識力・空間認知能力

【あそびの準備】
・コーン（4×チーム数）　・スタートライン（1）
・ボール（2×チーム数）
・紙コップ（2×チーム数）

【あそび方】
① 親は子どもをだっこし、子どもは紙コップの上にボールを乗せてスタートラインの手前に並びます。
② スタートしたら、置いてあるコーンをジグザグに走り、子どもはボールを落とさないようにします。ボールを落とした場合は、親はその場で止まり、子どもがボールを取りにいき、再びだっこしてから、紙コップの上にボールをのせてスタートします。
③ コーンのジグザグを終えたら、帰りはまっすぐ走ってもどり、次の親子と交代します。
④ 早く全員が走り終わったチームの勝ちとなります。

【MEMO】
・ボールの大きさを変えれば、学年ごとに難易度の設定ができるでしょう。
・走るコースに跳び箱登りや縄跳びジャンプ等の障害物を加えると、より難しくなるでしょう。
・次の走者と変わる時に手を使わず、コップだけでボールを受け渡しすると、より難しくなるでしょう。

V　運動会の実際　43

スタートライン
兼ゴールライン

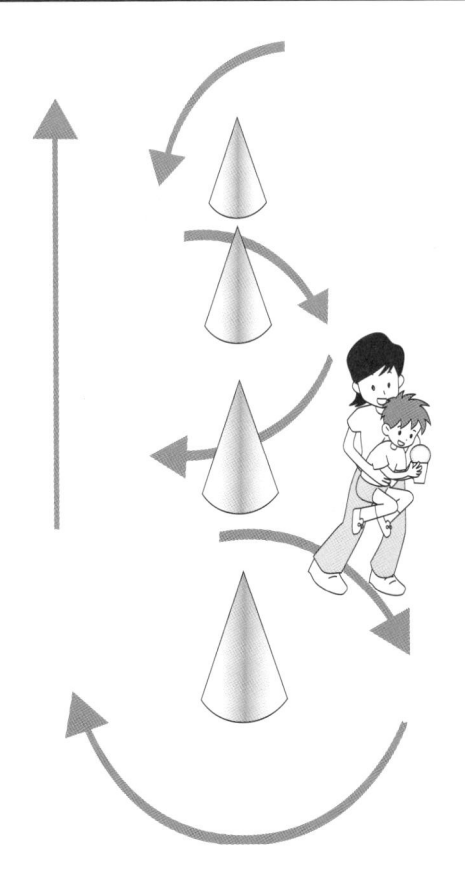

わっかくぐりリレー

【あそびで育つもの】
- 移動系運動スキル(走る・くぐる) ・瞬発力・巧緻性
- スピード・身体認識力・空間認知能力

【あそびの準備】
- スタートライン兼ゴールライン(1)
- コーン(チーム数)……折り返し地点に置きます。

【あそび方】
① 子どもはスタートラインの手前に、親はスタートラインから1mのところに向かい合うようにして並びます。
② スタートの合図で、先頭の子どもは親の列に向かって走り、親は手でわっかを作り、子どもがその中を通り抜けます。
③ 並んでる親のわっかを全て通ったらコーンをまわり、真っ直ぐ走って戻って次の子とタッチで交代します。
④ 全員が一番はやく走り終わったチームの勝ちとなります。

【MEMO】
- 手のわっかの中、股の下を交互にくぐると、より難しくなるでしょう。
- コーンを回った後、親の間をジグザグに走ると、より難しくなるでしょう。
- 親が2人で手をつないで、わっかを作り、その中を通ると、より盛り上がるでしょう。

V　運動会の実際　45

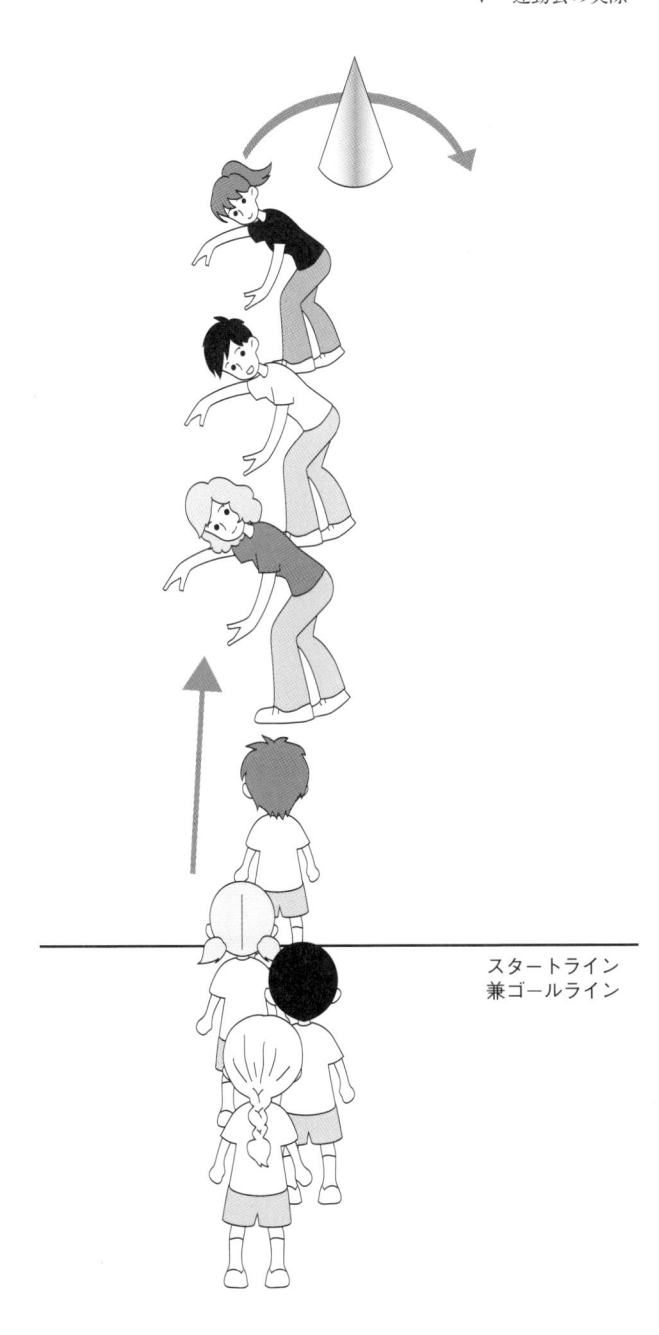

スタートライン
兼ゴールライン

くぐってだっこして（親子競技）

【あそびで育つもの】
・移動系運動スキル（くぐる・走る）・巧緻性・瞬発力
・身体認識力・空間認知能力

【あそびの準備】
・コーン（1×チーム数）
・スタート兼ゴールライン（1）

【あそび方】
① 子どもは、8〜10人で3〜4チームを作り、スタートラインの手前に並びます。
② 親は、子のチームの前で1列になって並び、足を開いてトンネルを作ります。
③ スタートの合図で、先頭の子どもは、親の足のトンネルをくぐりながら進みます。
④ くぐり終えたら、走ってコーンをまわります。
⑤ 自分の親のところまできたら、抱っこしてもらい、スタートラインまで走り、次の子とタッチして交代します。そして、列の後に並びます。
⑥ アンカーの子が一番早もどってきたチームの勝ちとなります。

【MEMO】
・この競技は、3歳から5歳までの幼児で楽しむことができます。クラス対抗や異年齢のチームを作る競技に適しています。
・低年齢児の場合は、距離を短くしたり、コーンを回らずくぐったら、すぐに抱っこやおんぶで折り返すとスムーズにいくでしょう。
・帰りの抱っこの所で、親に馬を作ってもらい、開脚跳びをすると、瞬発力

やリズム感が養われるでしょう。
・親同士も力を合わせて行うので、親交も深まるでしょう。

スタートライン
兼ゴールライン

48　理論編

4　レクリェーション種目の紹介

《動きの例》

| ハイタッチ | 両手をつないでジャンプ | 手をつないでスキップ |
| 肩たたき | トンネルくぐり | ひっくり返してポン |

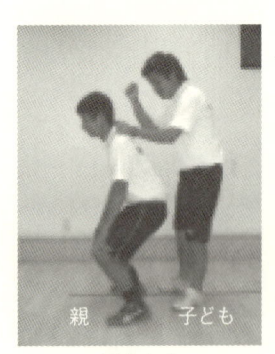

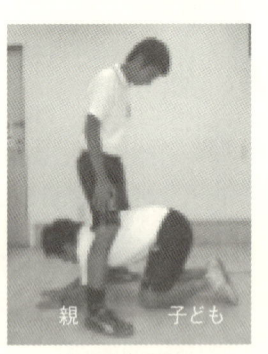

(各写真に「親」「子ども」のラベル)

レクリエーション

　レクリエーションは、集団ゲーム的活動のみをさすのではなく、心身のためになる、いわば、「QOLの向上」につながる活動です。
　つまり、レクリエーションとは、疲労回復、気分転換、家庭生活への寄与の3つの効果のもてる活動ということになります。

スキンシップ

　スキンシップは、子どもとコミュニケーションをとる上で、最も重要です。
　スキンシップを通じて、身体的にも、心理的にも安心感の得られた子どもは、他者に対する基本的信頼感を得ることとなり、自立した成長を遂げるようになります。
　「健やかに成長してほしい」という思いを込めて、スキンシップの図れる活動をすることで、言語的な交流が未熟な乳幼児であっても、十分に気持ちが伝わります。子どものチャレンジする気持ちを、そっとスキンシップを通じて支えることで、勇気や意欲がわいてくることでしょう。

親子でピヨピヨちゃん（親ピヨ）

【あそびで育つもの】
・調整力・リズム感・空間認知能力

【あそびの準備】
・朝礼台（1）

【あそび方】
① 親子でいっしょに入場して、クラスごとに整列します。
② 入場してきたら、前後の距離をとり、左右の間隔を空けます。
③ 朝礼台の上に立っている指導者（親役・子ども役）の言葉がけで行います。
　指導者「ピヨピヨちゃん！」　　　　　　　【前後に跳びながら】
　親子　「なんですか！」　　　　　　　　【前後に跳びながら】
　指導者「こんなこと、こんなこと、できますか？」【簡単な動きを行う】
　親子　「こんなこと、こんなこと、できますよ！」【指導者の真似をする】
　以上を繰り返し行います。
　動きの例……親の股を子どもがくぐる、手を繋いでジャンプする等
④ 数種目行い、終了します。

【MEMO】
・おじいちゃんやおばあちゃんといっしょに行うのもよいでしょう。その際には、安全上の配慮を十分にしなくてはなりません。とくに、激しい動作、緩急の激しい動作、膝・腰に負担のかかる動作、首を後へ急に曲げる動作、上下動のある動作などは、控える方がよいでしょう。
・ペアではなく、一人ひとりで行うのも楽しいでしょう。
・この種目は、昼の休憩後、午後のプログラムに入る前の時間に、ウォーミングアップを兼ねて行うことをおすすめします。また、この種目を通じて、

親子のスキンシップを図ってもらいます。
・練習なしで、誰でもすぐに参加できるので、自由参加型として楽しみながら行いましょう。
・未就園児の親子で行うのも、よいでしょう。
・子ども同士でアイスブレイク（緊張をほぐすグループワーク）として用いるのも、よいでしょう。

VI 組立体操

　組体操は、パートナー・エクササイズといい、2人以上の人たちが組んで行う体操です。すなわち、互いに力を貸したり、体重を利用し合ったり、体のもつ特質や技術を提供しあうことによって、1人では得られない効果をねらう体操といえます。
　一方、組立体操は、表現性の強い体操で体強化の効果を期待するだけでなく、ピラミッドのようなモニュメント、空間に互いの意図する造形を構築し、美の共同感ともいうべき雰囲気を味わうことができます。
　幼稚園や保育園で実際に運動会で用いられているのは、組立体操が多いようです。組立体操は、2人以上の人たちが一つの運動を組んで行うだけでなく、組むという構成方法によって動きを共有したり、融合したり、良い雰囲気の交流の場を作る運動ですから、運動実施の過程で、対人関係を大切にしなければなりません。そのため、実際に子どもに指導をする場合は、組立体操のねらいを伝えていくことが大事です。組立体操により、協力・協調性や調整力、適応力、呼応力、調和力を身につけさせていきたいものです。

《組立体操を実際に園で行うには》
　　始める時期……運動会本番を10月とするなら、実際に組立体操の練習は、大体5月～6月頃から始めるとよいでしょう。
　　練習の頻度……1学期は、週に2回程度を目安とします。最初の頃は、形の完成度は気にせず、遊びながら誰とでもよいので、組を作り、

練習回数………本番まで平均15〜20回程度を目安としますが、始める時期によっては少なくなります。毎日行えば、それだけ回数や頻度も多くなりますが、子どもの体力面や心理面を考えるならば、回数を増やしすぎるのは避けた方がよいでしょう。

練習場所………最初は、ホールやプレイルームといった、汚れない場所が練習させやすいでしょう。そして、徐々に場所を園庭に移します。

種目数…………子どもたちが覚える種目数は、約10〜12種目がよいでしょう。その中で、1人〜3人技を基本にし、6人・12人・全員技と加えていきます。

組立体操を完成させるには、①完璧に種目（かたち）を覚える、②移動場所を覚える、③全員が笛または太鼓で規律正しく動く、の3点が大事です。

組立体操練習スケジュール例

月	内容	場所
6月	1人技・2人技	ホール
7月	1人〜3人技＋6人技	ホール
8月	夏季保育中に行う	ホール
9月	通して全部　予行練習	外
10月	本番	外

《指導のポイント》

① 怒らない

② ケガをさせない

③ ほめる

3つのポイントをふまえて指導するとよいでしょう。

結果ばかりを追い求めすぎていたら、大切な育ちのプロセスを見失ってしまいます。他の誰のためでもなく、子どもたち自身のために行っていることを考えることが大事です。

54　理論編

《組立体操の基本の技》

1　1人技（手足の先までしっかりと伸ばし、表現する）

① ひこうき

準備　　　　　　　　　　　　　完成

太　鼓	ドン	ドンドン……	ドドン
笛	ピッ	ピピー	ピッ
動　き	体操座りで準備	両手を広げ、両足を上げる	完成
注意点	両手・両足まっすぐ伸ばす。お腹に力を入れ、足を少し上げる		

② ヨット

準備　　　　　　　　　　　　　完成

太　鼓	ドン	ドンドン……	ドドン
笛	ピッ	ピピー	ピッ
動　き	伸脚で準備	片手をつき、両足を伸ばす	完成
注意点	地面に着いた手に力を入れ、バランスをとる		

③ えび
　準備　　　　　　　　　　　　完成

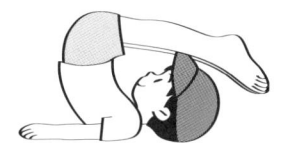

太　鼓	ドン	ドンドン……	ドドン
笛	ピッ	ピピー	ピッ
動　き	あおむけで寝て、ひざを曲げる	両足を頭の方にもっていく	完成
注意点	きれいに見せるために、膝・つま先をしっかりと伸ばす			

④ 東京タワー
　準備　　　　　　　　　　　　完成

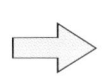

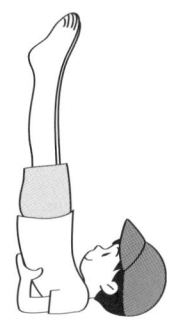

太　鼓	ドン	ドンドン……	ドドン
笛	ピッ	ピピー	ピッ
動　き	えびの形で準備	足を上にあげ、手で腰を支える	完成
注意点	手に腰が乗せられるように、背中・腰・足を伸ばす			

⑤ おもち

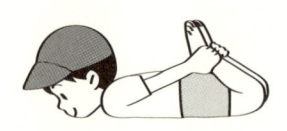

準備　　　　　　　　　　　　完成

太　鼓	ドン	ドンドン……	ドドン
笛	ピッ	ピピー	ピッ
動　き	うつぶせで両足を持つ	顔をあげ、胸をそり、両足をあげる	完成
注意点	背中にに力を入れ、両手・両足があがるようにする		

⑥ アザラシ

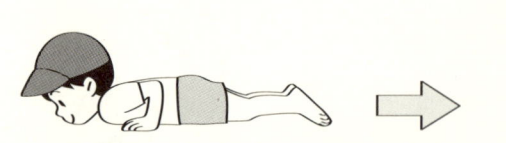

準備　　　　　　　　　　　　完成

太　鼓	ドン	ドンドン……	ドドン
笛	ピッ	ピピー	ピッ
動　き	うつぶせで、腕を曲げて準備	上半身を起こし、顔を上げる	完成
注意点	腕を伸ばし、しっかりと顔を上げる		

2　2人技
（力がある子を土台や持ち上げる役にし、バランスがよくなるように工夫する）

① 一輪車

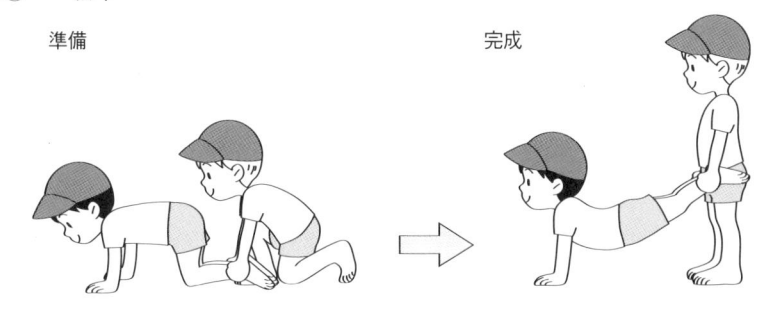

準備　　　　　　　　　　　　　　完成

太　鼓	ドン	ドンドン……	ドドン
笛	ピッ	ピピー	ピッ
動　き	馬で用意、忍者座りで足首を持つ	足を持ちながら、立ち上がる	完成
注意点	馬を崩さないように腕に力を入れ、支持する。急に手を離さないように注意する		

② 二段ベッド

準備　　　　　　　　　　　　　　完成

太　鼓	ドン	ドンドン……	ドドン
笛	ピッ	ピピー	ピッ
動　き	図のように腕を曲げ準備する	上の子は腕を伸ばし支持し、下の子は足を持ち上げる	完成
注意点	下の子はゆっくりと持ち上げ、上の子はバランスを取りながら腕に力を入れる		

③ すべり台

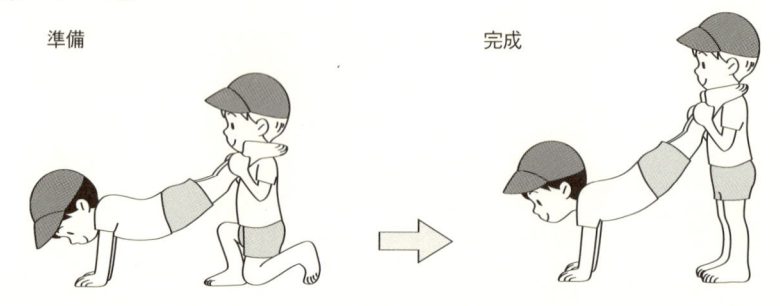

太 鼓	ドン	ドンドン……	ドドン
笛	ピッ	ピピー	ピッ
動 き	馬の足を忍者座りの肩にかける	足首を持ちながら、立ち上がる	完成
注意点	馬を崩さないように腕に力を入れ、支持する。急に手を離さないように注意する			

④ おすし

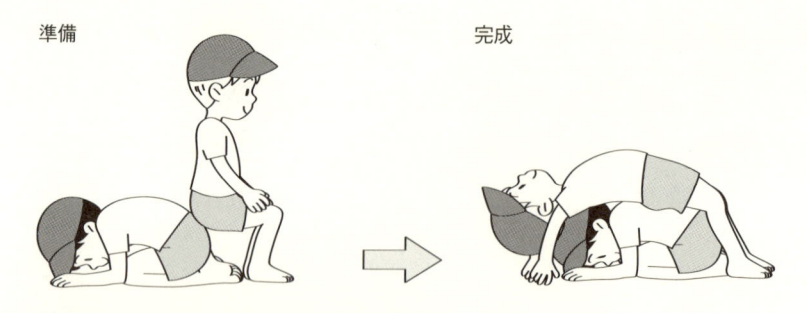

太 鼓	ドン	ドンドン……	ドドン
笛	ピッ	ピピー	ピッ
動 き	小さな馬を作り、上に座る	上の子はブリッジする	完成
注意点	背中に座ると滑り落ちるので、腰に座る			

⑤ サーフィン

準備　　　　　　　　　　　　　　完成

太 鼓	ドン	ドンドン……	ドドン
笛	ピッ	ピピー	ピッ
動 き	馬を作り、乗る子は気をつけ	馬の肩と腰に乗り、バランスをとる	完成
注意点	馬の背中に乗るとつぶれて危険です。 降りるときは、前にジャンプしてではなく、後ろにゆっくり降りる		

3　3人技

（危険性の高い技が増えてくるので、上に乗っている子を降ろすときに注意をする）

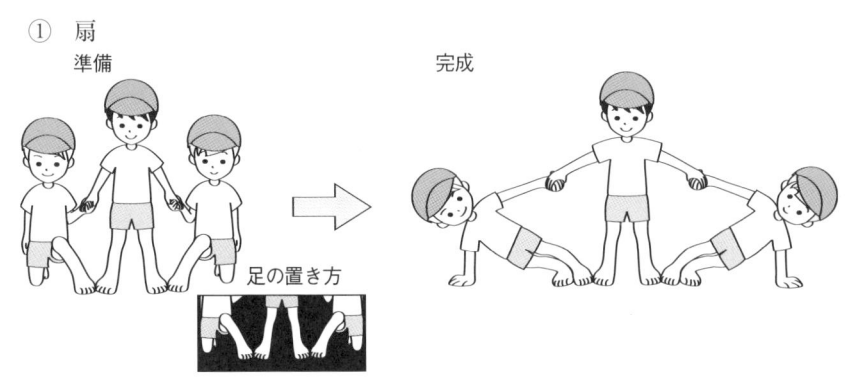

① 扇

準備　　　　　　　　　　　　　　完成

足の置き方

太 鼓	ドン	ドンドン……	ドドン
笛	ピッ	ピピー	ピッ
動 き	手をつなぎ、両脇の子は忍者座り	腕を伸ばし、両脇の子はヨットを作る	完成
注意点	手を離さないようにする。 真ん中の子はバランスを取れるように、両足を広げ力を入れる		

60　理論編

② おみこし

準備　　　　　　　　　　　　　　　　　　　　　　　完成

腕の組み方

太　鼓	ドン	ドンドン……	ドドン
笛	ピッ	ピピー	ピッ
動　き	忍者座りで腕を組み、上の子は足を入れる	腕に力を入れ、立ち上がる	完成
注意点	組んだ腕は、最後まで離さない。上の子を落とさないように注意する			

③ ロデオ

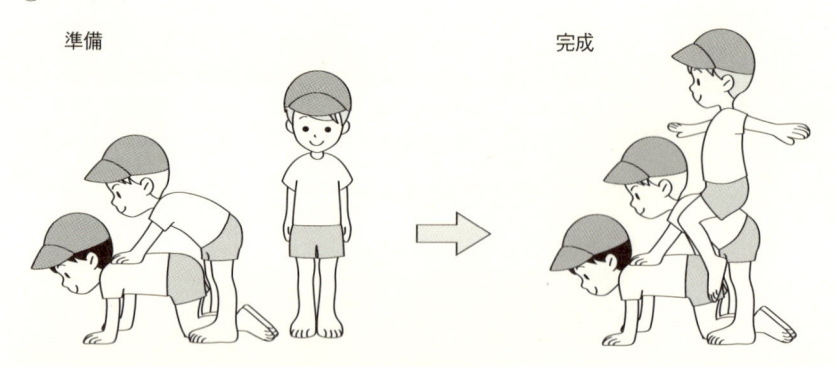

準備　　　　　　　　　　　　　　　　　　　　　　　完成

太　鼓	ドン	ドンドン……	ドドン
笛	ピッ	ピピー	ピッ
動　き	2段目は馬の肩に手を置く	2段目の上に乗る	完成
注意点	1番上の子が落ちないように、しっかりとした馬・土台を作る			

Ⅵ　組立体操　61

④　ロケット

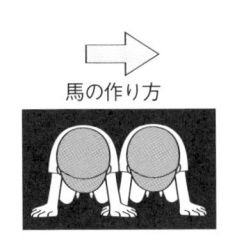

準備　　　　　　　　　　　　　　　　　　　完成

馬の作り方

太　鼓	ドン	ドンドン……	ドドン
笛	ピッ	ピピー	ピッ
動　き	2人で馬を作り、乗る子は気をつけする	馬の上に乗り、ロケットのポーズをする	完成
注意点	馬の背中に乗ると安定せず危険なので、腰に乗る		

⑤　むかで

準備

完成

太　鼓	ドン	ドンドン……	ドドン
笛	ピッ	ピピー	ピッ
動　き	馬の背中に片足を乗せる	両足を背中に乗せる	完成
注意点	腕をしっかりと伸ばし、支持し、頭を蹴らないように注意する		

62　理論編

4　6人技
(人数が多いので、一人ひとりの役割を伝える)

① お花

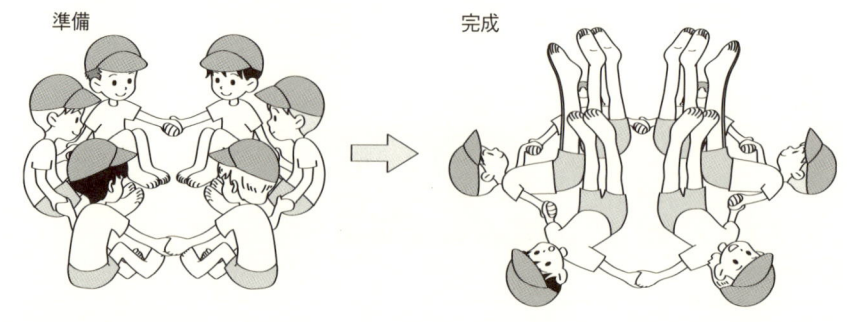

準備　　　　　　　　　　完成

太　鼓	ドン	ドンドン……	ドドン
笛	ピッ	ピピー	ピッ
動　き	向き合って手をつなぎ、体操座り	後ろに倒れ、足をしっかり上げ、伸ばす	完成
注意点	後ろに倒れるとき、頭をぶつけないように注意する			

② UFO

準備　　　　　　　　　　完成

太　鼓	ドン	ドンドン……	ドドン
笛	ピッ	ピピー	ピッ
動　き	3人で肩を組み、忍者座り。あとの3人は足を肩にかけ、両腕で支える	忍者座りの子が立ち上がる	完成
注意点	急に立ち上がると足が肩から外れて危険なので、ゆっくりと立ち上がる			

VI 組立体操　63

③ くじゃく

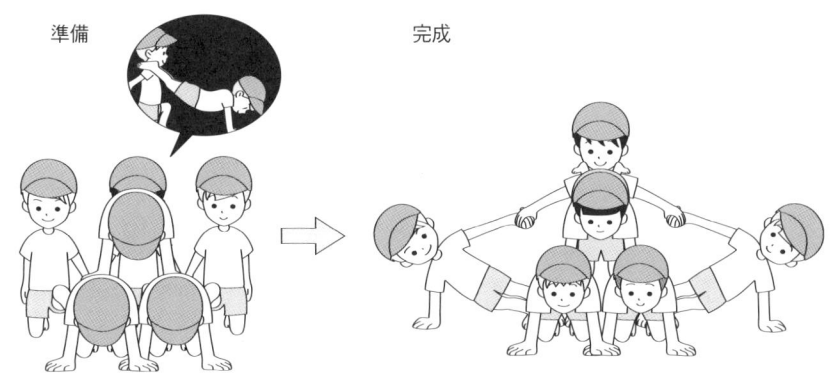

準備　　　　　　　　　　　完成

太鼓	ドン	ドンドン……	ドドン
笛	ピッ	ピピー	ピッ
動き	扇の準備と馬を作り、2段目の馬が扇に足をかける	扇の真ん中の子が立ち上がり、扇を作る	完成
注意点	扇が馬から離れると肩から足が外れて危険なので、扇は馬に近づく		

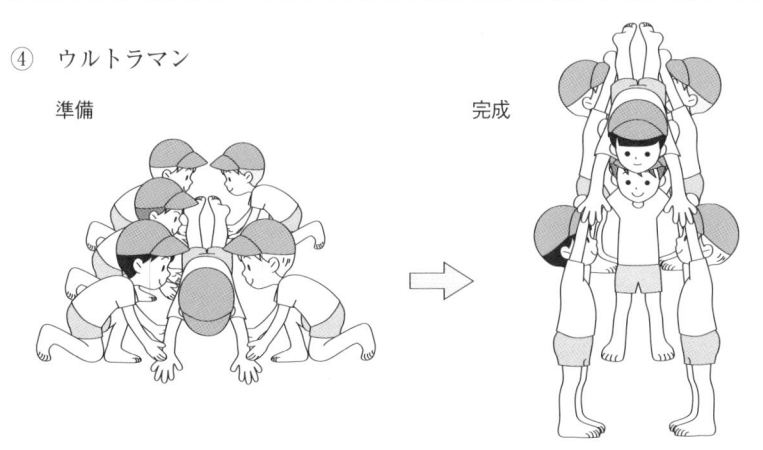

④ ウルトラマン

準備　　　　　　　　　　　完成

太鼓	ドン	ドンドン……	ドドン
笛	ピッ	ピピー	ピッ
動き	自分が持ち上げる場所で、忍者座り	ゆっくりと持ち上げ、下から支える	完成
注意点	足を持つ子は、上げすぎないように注意する。頭から落ちてしまうため		

※先生はウルトラマンの子が落ちないように、必ず近くで補助する

⑤　ピラミッド

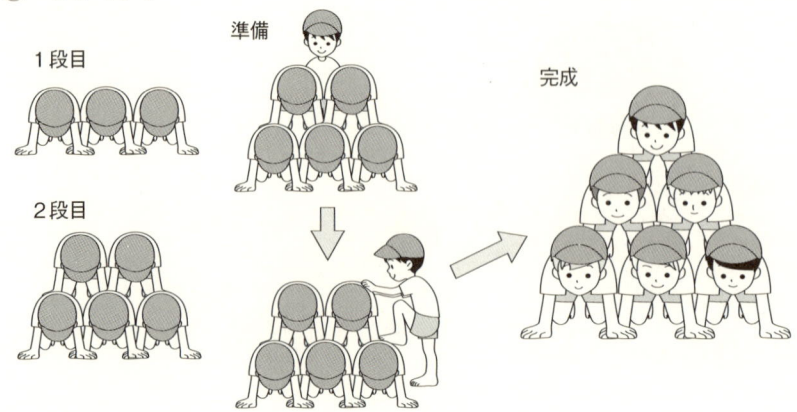

太　鼓	ドン	ドンドン……	ドドン
笛	ピッ	ピピー	ピッ
動　き	2段目まで準備する	一番上の子が乗る	完成
注意点	2段目の子の足は地面に着ける。上の子は、背中より上の位置に手を着く			

※1番上の子が落ちないように、先生は後ろで補助する

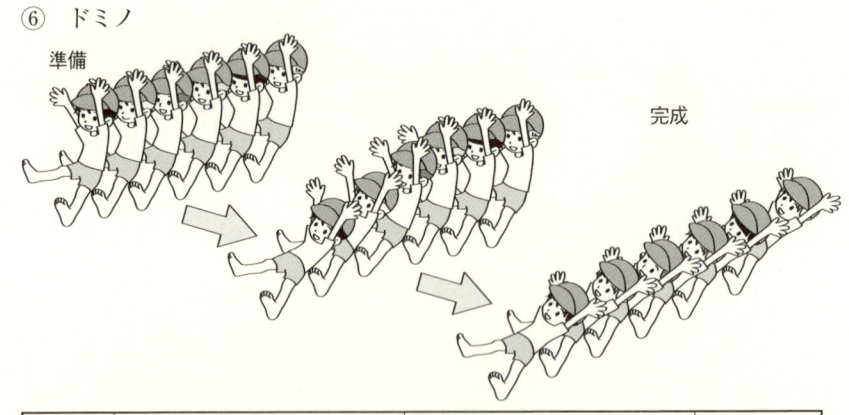

⑥　ドミノ

太　鼓	ドン	ドンドン……	ドドン
笛	ピッ	ピピー	ピッ
動　き	足を開き、バンザイで準備	前の子が倒れたら、自分が倒れる	完成
注意点	急に倒れると危ないので、ゆっくりと順番に倒れる			

Ⅶ 運動会に生かすパラシュート

1 パラシュートとは

　パラシュート活動は、アメリカ軍が第二次世界大戦の時に使った軍用パラシュートを教育教材にして、体育の授業に使用したことに始まります。アメリカでは、パラシュート運動と呼ばれて楽しまれています。

　その後、子どもが利用しやすいように配色がほどこされ、色とりどりの製品が開発され、日本にも広がっていきました。

　運動会は、園行事の中の一大イベントです。競技種目、レクリエーション種目、表現種目などがありますが、華やかで年齢を問わず楽しめますので、運動会種目として取り入れられてはいかがでしょうか。パラシュートを上げ下げする動き、前後の動き、出入りの動き等の様々な動きが全身運動となり、音楽にあわせながらリズム感や表現力も養われます。また、子どもたちの協調性を動きながら育てることのできる活動にもなります。

　ただし、室内の活動では、天井の高さやまわりに危険なものが置いていないかどうかを充分に注意する必要があります。パラシュートを初めて見た子どもたちにとっては、パラシュートそのものが鮮やかで、大きく、十分興味を引くものです。持ち運びも便利で、多くの子どもたちが演技をし、遊ぶことのできる道具といえます。

　使用する時には、約束事をしっかりと伝えてから、行いましょう。

《パラシュートにふれる前に》
●爪が伸びすぎていないか？
●指導者は、時計、アクセサリー等ははずそう。
　→　パラシュートに穴があくきっかけになる。

《演技を行う前に》
●隣同士の子どもの背丈はあっているか？
●パラシュートの上に、砂をのせないように注意しよう。
　→　子どもの目に入らないようにするために、とても大切です。
●合図をよく聞く約束をしておく。（笛や指導者の声）
●子どもたちにわかる曲を選曲しよう。
　その曲を選ぶことで、歌詞といっしょに振りつけが覚えられやすくなります。

《演技中の注意》
●円形をうまく作るためには、
　忍者すわりで下がる練習をする。中の空気を抜く、円形をきれいにみせる練習をしましょう。
　指導者と指導者の間に、何人の子どもたちを入れるかを考えてみましょう。バランスが大事です。
●上手く持ち上げるためには、
　空気を入れる時に、指導者の力を貸します。指導者の配置、バランスが大事です。
　パラシュートを持ち上げるときには、腕を耳につけるようにあげましょう。
　一人ひとりが気持ちを合わせて、隣の子といっしょに上げるようにさせましょう。

VII 運動会に生かすパラシュート 67

2. パラシュート表現方法1
（持ち方・握り方、座り方、持ち上げ方）

① 持ち方・握り方

× よくない持ち方　　◎ 正しい持ち方

親指をパラシュートの下に入れて順手で握ります。肩幅くらいに、こぶしを開いて握ります。

〈ワンポイントアドバイス〉
4本の指が上になるように握りましょう。

② 座り方

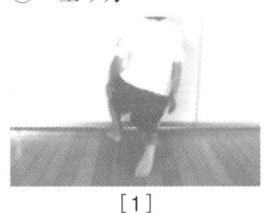

[1]　[2]

お尻をつけて座るとすばやい動きができません。そのために、片膝立ち、忍者すわり・王子様すわり等を練習しておきましょう。

◎

[3]　[4]

［3］［4］の状態なら動けますが、すばやく動き出すには［1］［2］の姿勢の方がよいでしょう。

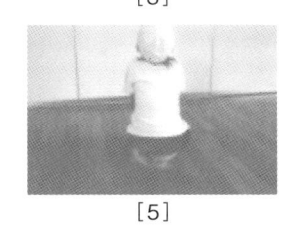

△

[5]　[6]

パラシュートの重量や動きにすばやく対応できない、力の入らない座り方です。

×

③ 持ち上げ方

[7]　[8]

［7］おへその前に準備することでスムーズに動き出せます。
［8］持ち上げたときに、腕と耳がつくように持ち上げます。

小波

大波

きをつけ

バンザイ

くうきいれ

外で前進・後退

すわる

なかで前進・後退

パラシュートすわり
にんじゃすわり

3 パラシュート表現方法2

① 大波・小波（Ripples and waves）

子どもたちをパラシュートのまわりに、等間隔になるように位置させます。パラシュートを速く、小刻みに上下させて、さざ波の状態をつくらせましょう。
また、大波をつくるときは、子どもたちの腕を大きくゆっくりと上下に（高く・低く）動かすようにさせます。

② 傘（Umbrelle）

指導者の指示で、子どもたちは一斉にパラシュートを頭上に持ち上げさせます。
その後、パラシュートの中心部が下がりだしたら、全員、腕を下げるようにさせます。

③ 傘くぐり（crossing under the Umbrelle）

子どもたちを4グループに分け、順番をつけます。
子どもたちは、パラシュートを持ち上げて傘をつくり、指導者の合図を待ちます。
傘ができたら、指導者はグループの番号を言います。指導者に指示された番号のグループのメンバーは、全員、パラシュートを持っている手を離し、パラシュートの下をくぐって場所交代します。このとき、パラシュートの下で衝突しないように気をつけさせます。

70　理論編

④　山（mountain）

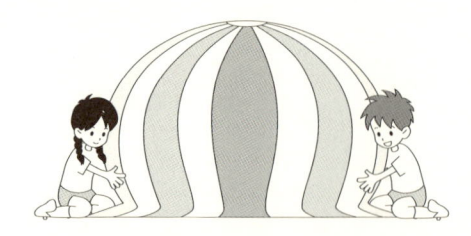

パラシュートを傘のようにふくらませ、最も大きくなったときに指示を与えます。
子どもたちは、パラシュートを持ったまま、急いで手を地面に着け、手と膝でパラシュートを押さえます。
バリエーションとしては、膝で押さえたままパラシュートによりかかり、手でパラシュートを急いで押さえさせます。

⑤　山の中（inside the mountain）

パラシュートを傘のようにふくらませ、指導者の指示で全員が一斉に中心部を向いたまま、パラシュートの中に1歩入り、パラシュートを持っている手を身体の背後にもっていきます。そして、急いでパラシュートを引き下ろし、空気が出ないようにさせます。

●その他の呼び方……テント・かくれんぼ・風船

⑥　きのこ（mushroom）

パラシュートを傘のようにふくらませながら、パラシュートの中心部へ歩いて集まるようにさせます。パラシュートが落ちはじめたら、外に出るか、そのままパラシュートを落下させるようにします。

⑦　浮雲（floating cloud）

パラシュートを傘のようにふくらませ、一番大きくふくらんだところで、一斉にパラシュートを離すようにさせます。

Ⅶ　運動会に生かすパラシュート　71

⑧　ポップコーン（popcorn）

全員が等間隔に位置してパラシュートを持ち、上下に揺らしているパラシュートの中に毛玉のボールや小さいボールを入れ、ポップコーンがはじいているように、小刻みにかつ、すばやくパラシュートを動かすようにさせます。

⑨　メリーゴーランド（Merry-Go-Round）

全員、右手でパラシュートを持ち、腰の高さに維持します。
そして、パラシュートの中心部が地床に着かないようにパラシュートを引っ張りながら、右まわりにまわるようにさせます。慣れたら、左まわりにもまわらせます。

⑩　えんばんまわり

⑪　帽子

72　理論編

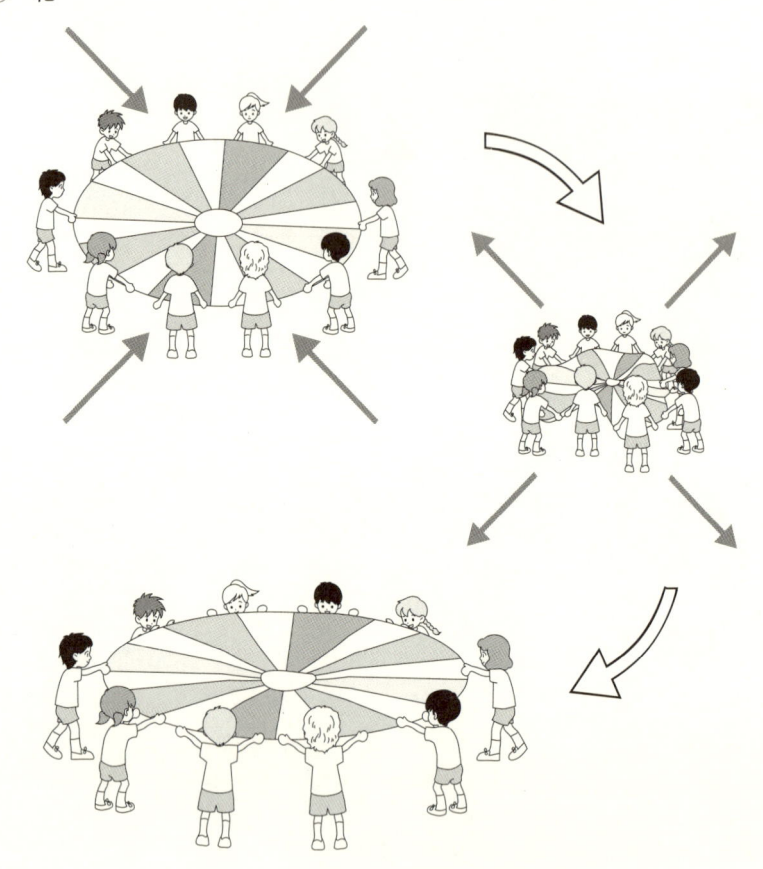

⑫　花

【文献】
日本幼児体育学会編：幼児体育―理論と実践―［中級］，大学教育出版，pp.42-46，2008．
前橋　明：アメリカの幼児教育，明研図書，P62-63，1991．
米谷光弘：運動会生かす体育あそび，ひかりのくに，p.107-112，1989．
日本幼児体育学会編：幼児体育―理論と実践―［初級］，大学教育出版，p.80，2007．
JAFA編集部　最新フィットネス基礎理論　健康・運動指導．
日本幼児体育学会編：幼児体育―理論と実践―［中級］，大学教育出版，pp.42-49，2008．
前橋　明：視覚障がい者の方の介助とレクリエーション，ひかりのくに，p.2，2005．
日本幼児体育学会編：幼児体育―理論と実践―［中級］，大学教育出版，p.84，2008．
濱田靖一：イラストでみる　組体操・組立体操，大修館書店，pp.2-3，1996．

実 技 編

I 鬼ごっこ

色鬼

【あそびで育つもの】
・瞬発力・敏捷性・スピード・移動系運動スキル（走る）
・空間認知能力

【あそびの準備】
園庭、広場、プレイルーム等、走れるところ

【あそび方】
① 指導者が鬼になり、子どもたちはぶつからないように広がります。
② 子どもたちは、『色、色、なんの色？』と、鬼に質問します。
③ 鬼は色を言い、子どもたちをタッチしにいきます。
④ 子どもたちは、鬼が言った色を、鬼にタッチされないように触りに行きます。
⑤ 鬼にタッチされる前に色を触れたら、勝ちになります。

> ・鬼はすぐにタッチをしに行かず、様子をみてから行きましょう。

I 鬼ごっこ　75

シッポとり

【あそびで育つもの】
・走力・敏捷性・瞬発力・協応性
・移動系運動スキル（走る）・操作系運動スキル（なわをとる）

【あそびの準備】
・なわとび用のなわ（子どもの人数分）
・笛(1)
・ラインカー(1)……コートを作ります。
・コート(1)……20m×20mの大きさ

【あそび方】
① 2組になってジャンケンをして、人数が均等になるように2チームに分かれます。
② 勝った子どものチームは、なわ（ロープ）をズボンに入れてシッポを作ります。負けた子どものチームは、コートの外に出てシッポを取る準備をします。
③ スタートの合図で、シッポを取りに行きます。
④ 全員が取られたら、終了で役割を替えて行います。
⑤ 全員のシッポを取るのに何分かかったかで、勝敗を決めます。

・なわを長く伸ばした状態でシッポを作り、足で踏む方法を導入すると楽しいでしょう。
・シッポとして、なわ以外に、タオルやハンカチ等を用いてもよいでしょう。
・指導者がいくつもシッポをつけて、子どもたちがとるのも、おもしろいでしょう。

Ⅰ 鬼ごっこ 77

ソフトクリーム鬼

【あそびで育つもの】
- 瞬発力・敏捷性・スピード・持久力
- 操作系運動スキル（手を動かしてよける）・移動系運動スキル（走る）
- 空間認知能力

【あそびの準備】
- カラー帽（子どもの人数分）
- コート（1）……10m×10m

【あそび方】
① 各自のカラー帽の表と裏の中心を引っぱり、ソフトクリームをつくり、コートに入ります。
② 子どもたちは、指導者の合図で、ソフトクリームを持って、コートから出ないように走り出します。
③ 指導者が鬼になり、子どもたちのソフトクリームをつぶしにいきます。
④ 子どもたちは、ソフトクリームをつぶされないように逃げまわります。
⑤ 終了の合図までに、つぶされなかった子の勝ちになります。

- 他の子とぶつからないように、注意して動くようにさせましょう。
- ソフトクリームをつぶされてしまったら、もう一度作り直してから、逃げることにしましょう。

Ⅰ 鬼ごっこ　79

カツ丼とりあい鬼ごっこ

【あそびで育つもの】
　・瞬発力・敏捷性・スピード・持久力・協応性
　・空間認知能力・移動系運動スキル（走りまわる）
　・操作系運動スキル（ボールを落とさない）

【あそびの準備】
　・サッカーボール（3）
　・マーカー（5）……逆さにすると、どんぶりのおわん状になるもの

【あそび方】
　① 5人組をつくり、各自マーカーをひっくり返して、片手で持ちます。
　② ジャンケンをして勝った3人は、ボールを受け取り、マーカーに乗せます。
　③ 指導者の合図で、ボールを持っていない子は、カツ丼に見立てたボールを持った子を追いかけます。
　④ タッチすることができたら、ボールを受け取り、マーカーに乗せて逃げます。
　⑤ 終了の合図で、カツ丼を持っていた子どもの勝ちとなります。

・マーカーは、片手で持つようにしましょう。
・落ちてしまったボールは、指導者が拾ってあげましょう。

I 鬼ごっこ

キズ鬼ごっこ

【あそびで育つもの】
　・持久力・敏捷性・巧緻性・スピード
　・移動系運動スキル（走る）・空間認知能力

【あそびの準備】
　・ビブス（3）……ゼッケン
　・笛（1）
　・時計またはストップウォッチ（1）

【あそび方】
　① ジャンケンで鬼を3人決め、ビブスを着ます。
　② 指導者の笛の合図でスタートし、鬼は、逃げる子どもたちの体のどこかをタッチしに行きます。
　③ 鬼にタッチされた部位はキズになってしまうので、手で押さえます。
　　（肩をタッチされたら肩、膝をタッチされたら膝）
　④ 指導者の笛の合図で、終了します。

・病院のエリアをつくり、仲間がタッチしてくれたら復活できる、としてもおもしろいでしょう。

Ⅰ　鬼ごっこ　　83

くっつき鬼ごっこ

【あそびで育つもの】
・移動系運動スキル(走る)・空間認知能力・仲間と協力する力
・瞬発力・スピード・協調性

【あそびの準備】
特になし

【あそび方】
① 鬼（ねこ）と逃げる子（ねずみ）を1人ずつ決め、その他の子は2人組（家）を作り、体操すわりでくっついています。
② 逃げる子（ねずみ）は、鬼（ねこ）につかまらないように、2人組の（家）にくっつきます。

③ 2人組（家）は、3人ではいられないので、ねずみがくっつかなかった外側の子が立ち上り、家から出て逃げます。
④ 鬼（ねこ）にタッチされたら、鬼を交代します。

※子どもにわかりやすいように、鬼（ねこ）・逃げる子（ねずみ）・その他の2人組（家）としました。

・2人組（家）の間隔を離してあげるといいでしょう。

挨拶鬼

【あそびで育つもの】
・移動系運動スキル（走る）　・空間認知能力・瞬発力・判断力・走力

【あそびの準備】
なし

【あそび方】
① 子ども同士で２人組を作ります。
② ２人の間をあけて、向かい合うように立ちます。
③ 最初は、指導者が鬼をします。
④ 逃げる子は、鬼に捕まらないように、２人組の間に逃げ込みます。
⑤ ３人になったところで、向かい合うことができなくなった子どもが逃げるようになります。
⑥ 鬼は、逃げている子どもや３人組のままで逃げ遅れている子どもを捕まえます。
⑦ 捕まった子が次の鬼になり、ゲームを続けていきます。

・捕まえた後、すぐに同じ子どもが捕まらないようなルールを考えましょう。
・走っている子ども同士がぶつかって、ケガが起こらないようにしましょう。

I 鬼ごっこ

合体鬼

【あそびで育つもの】
　・瞬発力・スピード・協調性
　・移動系運動スキル（走る）・空間認知能力・仲間と協力する力

【あそびの準備】
　園庭、プレイルーム等の走ることのできる場所

【あそび方】
　① 指導者が鬼で、子どもたちが逃げます。
　② 子どもはバラバラになって逃げ、つかまりそうになったら２人組を作り、両手をつなぎます。
　③ 友だちと手をつないでいる10秒間は、鬼に捕まりません。

　＊ただし、両手をつないでいられる時間は10秒とします。

> ・両手をつなぐ際に３人組、４人組と人数を増やすとより楽しめるでしょう。
> ・手をつないでいられる時間を短くすると、より緊張感が増し、楽しいでしょう。。

I　鬼ごっこ　　*89*

ねずみにがし

【あそびで育つもの】
　・敏捷性・スピード・瞬発力
　・移動系運動スキル（走る）・空間認知能力・判断力

【あそびの準備】
　園庭、プレイルーム等、走ることのできる場所

【あそび方】
① 5人組になり、ジャンケンでネコを1人決めます。
② ネコ以外の4人は、手をつなぎ、丸をつくります。
③ 丸の中からネズミ役を1人決めます。
④ 指導者の合図で、ネコはネズミをタッチしに行きます。
⑤ ネコ以外の人は、ネズミにタッチされないように、左右に回転します。
⑥ 30秒以内で、ネコがタッチできれば、ネコの勝ちになります。

・まわりに危険なものがないようにしましょう。

I 鬼ごっこ　91

島わたり

【あそびで育つもの】
　・敏捷性
　・移動系運動スキル（走る）・空間認知能力

【あそびの準備】
　・フープ（人数の半数分）……縄跳び用のなわ
　・タオル(2)……ゼッケンでも可

【あそび方】
　① 2人組をつくり、ジャンケンをします。
　② ジャンケンをして勝った子は、島に見立てたフープに入ります。

③　負けた子同士でジャンケンをして、2人の鬼役を決めてタオルを持ちます。
④　勝った子は、捕まらないように、素早く島に逃げ込みます。
⑤　1つのフープに1人しか入れないこととして、別の子が入ってきたら、先に入っていた子が島の外に出ます。
⑥　鬼の役の子はタオルを持って、逃げている子を追いかけて、捕まえたらタオルを渡します。

・鬼役をサメに見立てて遊びましょう。
・逃げるとき、泳ぐまねをしながら逃げたりすると楽しいでしょう。
・ぶつかる危険もあるので、声をかけていきましょう。

島わたり鬼

【あそびで育つもの】
・瞬発力・敏捷性・巧緻性・スピード
・移動系運動スキル（走る）・空間認知能力・集中力

【あそびの準備】
・コーン（16）……4つのコーンを四角のコーナーに置き、島に見立てます。
・時計またはストップウォッチ（1）
・笛（1）

【あそび方】
① ジャンケンで2チームにわかれます。
② 笛の合図でスタートし、鬼以外の子どもたちは、鬼にタッチされないように島を渡ります。鬼は島を渡る子どもたちをタッチしに行きます。
③ タッチされたら、ひとつ前の島に戻ります。
④ 次の島に渡れたら、1ポイントとし、個人の点数をチームで合計して、チーム対抗で競います。指導者が1分間、時間を計ります。

・鬼にタッチされ、1つ前の島に戻るときは、コーンの外側をまわって戻るという、約束事をつくりましょう。
・4つの島に、それぞれ子どもの好きなものの名前をつけると、楽しくなるでしょう。

Ⅰ　鬼ごっこ　　95

オオカミさん、いま何時？

【あそびで育つもの】
・瞬発力・敏捷性・スピード・移動系運動スキル（走る）
・空間認知能力

【あそびの準備】
・コート(1)……3m×3m

【あそび方】
① 指導者がオオカミになり、子どもたちはコートに入ります。
② オオカミは、「夜の12時につかまえに行く」と説明します。
③ 子どもたちは『オオカミさん、今何時？』と質問しながらオオカミに近づき、オオカミは下がります。
④ オオカミは夜の12時以外の時間を言い、子どもたちは『あ〜、よかった』と言います。
⑤ コートから離れた所で、『夜の12時‼』と言い、子どもたちをつかまえに行きます。
⑥ オオカミにつかまる前にコートに戻れたら、勝ちになります。

・オオカミにつかまってしまった子は、いっしょにオオカミをしてみましょう。
・コートに戻るときに、子どもたち同士がぶつからないように注意させましょう。

I 鬼ごっこ　97

お助け氷鬼

【あそびで育つもの】
・持久力・敏捷性・判断力・移動系運動スキル（走る）・空間認知能力
・優しさ・協力する態度

【あそびの準備】
・コート（人数に応じて大きさを決めます）

【あそび方】
① ジャンケンで鬼を決めます。
② 他の子は、鬼にタッチされないように、コート内を逃げます。
③ タッチされた子は、その場で氷（動けない）になります。
④ 氷になって動けなくなった子を、他の子がタッチすると氷がとけて、また逃げることができます。

・コートの形を△や○にして行ったり、鬼の人数を増やしたりして、活動をより活発にしていきましょう。
・氷の形として、足を広げてくぐったりする方法や3人組の形を工夫することで、様々な部分の成長を促すことができるでしょう。

I 鬼ごっこ　99

いけ・こい 鬼

【あそびで育つもの】
・瞬発力・敏捷性・スピード・集中力・判断力・観察力・空間認知能力
・移動系運動スキル(走る)

【あそびの準備】
園庭、プレイルーム等の運動のできる場所

【あそび方】
① 4つのグループに別れて、十字になるように列をつくります。
② 列になったら座ります。
③ 指導者が鬼になり、左まわりに十字の外を走ります。
④ 鬼は、いずれかの列の最後尾の子の頭を触りながら、『いけ』か『こい』と言います。
⑤ 言われた列の子どもは全員、『いけ』なら鬼と同じ方向に『こい』なら逆方向に走ります。
⑥ 鬼は、そのまま走り続けて触った子のいた列に座ります。
⑦ 早く元の場所まで回ってきた順に座っていき、最後尾になった子どもが次の鬼になります。

・鬼が途中で逆方向に走ってもよいという、ルールにしてもよいでしょう。
・「いけ」と「こい」の代わりに、果物の名前や動物の名前を使っても楽しめるでしょう。

I 鬼ごっこ　*101*

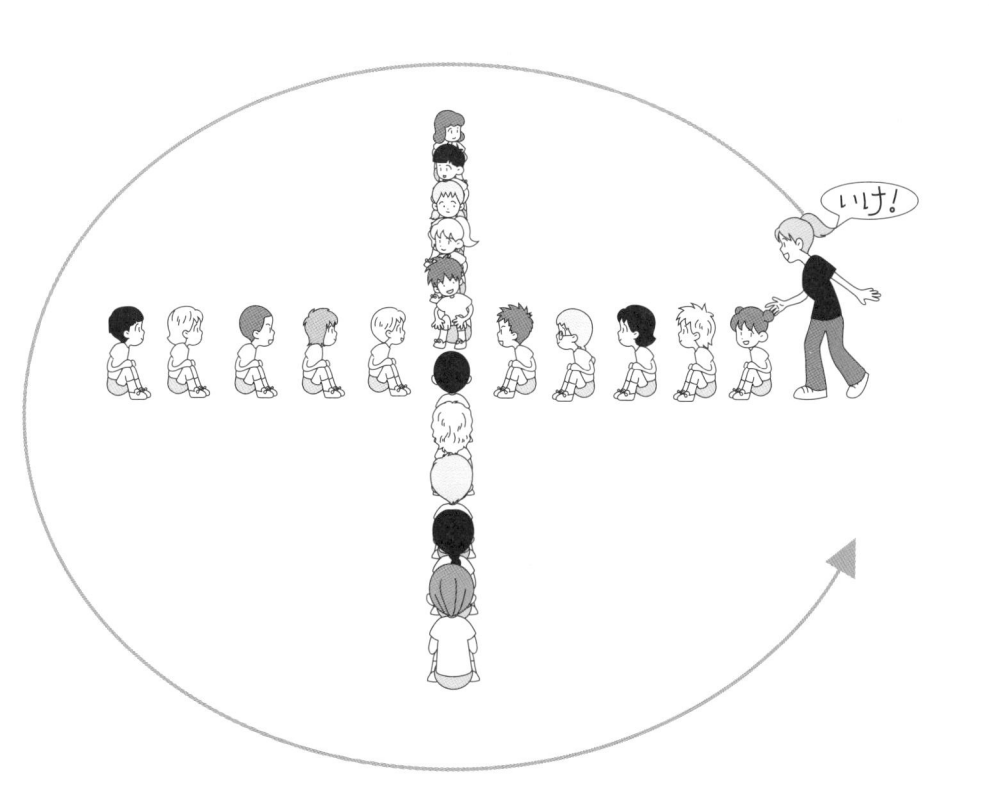

3色鬼ごっこ

【あそびで育つもの】
・走力・敏捷性・持久力・瞬発力
・判断力・移動系運動スキル(走る)

【あそびの準備】
・ビブス(人数分)……3色
・コーン(チーム数)
・笛(1)
・コート(1)……1辺10mの三角

【あそび方】
① 子どもを3チームに分け、ビブスで色分けをします。
② 各チームから、1人ずつコートに入ります。
③ 色によって捕まえる相手が限定されます。(青が赤を、赤が黄を、黄が青を捕まえます)
④ 指導者の笛の合図でスタートし、誰かがつかまったら交代して、次の3人組が行います。(つかまった子どもは、コートの外で座って待ちます)
⑤ 繰り返していき、全員がつかまったチームの負けとなり、その時点で残りの人数が多いチームが勝ちとなります。

・全員が、一斉に出て行っても楽しいでしょう。

I 鬼ごっこ 103

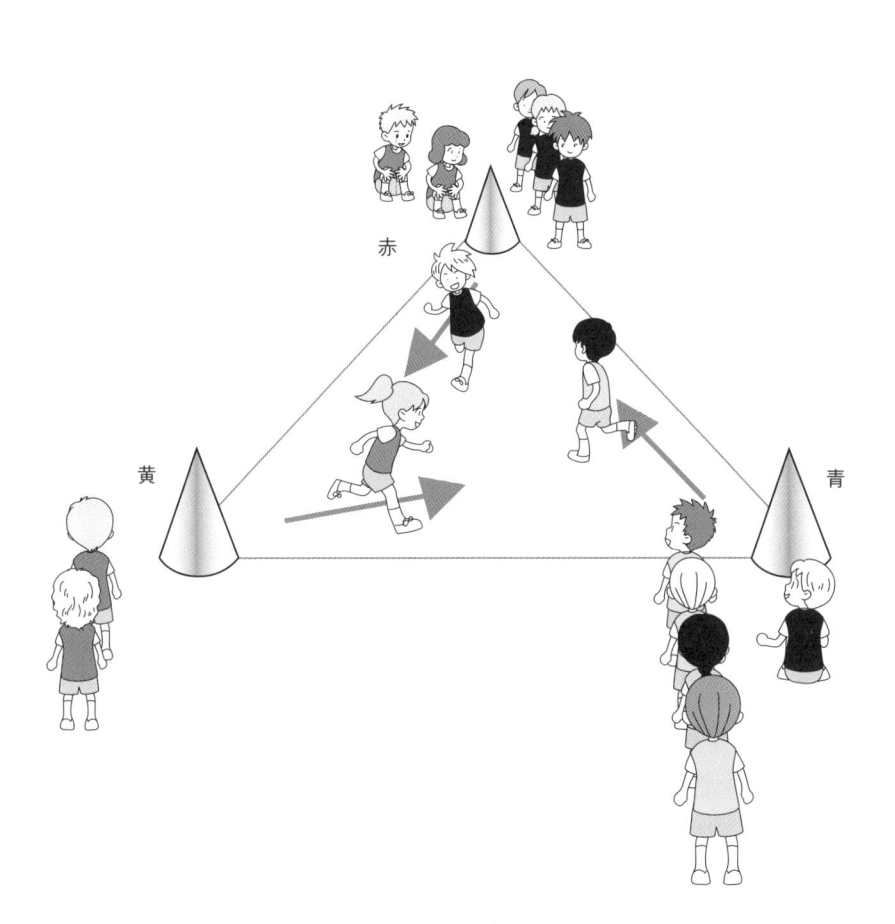

赤

黄 青

鬼はだーれだ？

【あそびで育つもの】
・瞬発力・敏捷性・スピード・持久力
・移動系運動スキル（走る）・身体認識力・空間認知能力・観察力・集中力

【あそびの準備】
・コート（1）……10m×10m

【あそび方】
① 全員が目を閉じます。
② 指導者が、1人の子どもの頭を触り、その子が鬼となります。
③ 指導者の「よーい、はじめ」の合図で、鬼ごっこを始めます。
④ 鬼役の子は、まわりの子に気づかれないように、他の子の背中を両手でさわり、大きな声で『タッチ』と言います。
⑤ 他の子は、誰が鬼かわからないので、周囲に気を配りながら逃げます。

I 鬼ごっこ　　105

・鬼でない子が、鬼のふりをして声を出さずに両手タッチをすると、より緊張感が増して楽しいでしょう。

Ⅱ　リレーあそび

ボール渡し

【あそびで育つもの】
　・巧緻性・協応性・柔軟性・身体認識力
　・操作系運動スキル(渡す)・空間認知能力・協調性

【あそびの準備】
　・ボール（組に1）
　・スタートライン（1）
　・ゴールライン（1）

【あそび方】
　①　3人1組になり、一番前の子どもがスタートラインに位置し、1列に並びます。

スタートライン

③ 指導者のスタートの合図で、一番前の子どもは、自分の股の間から次の子どもにボールを渡します。
④ 渡し終えたら、その列の一番後ろに移動します。
⑤ これを繰り返し、3人全員がゴールラインを越えた組の勝ちです。

> ・慣れてきたら、渡し方を、股の下→頭の上……と、交互にしてもおもしろいでしょう。

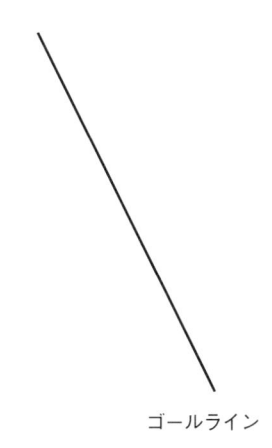

ゴールライン

ボール渡しリレー

【あそびで育つもの】
・筋力・柔軟性・巧緻性・身体認識力
・操作系運動スキル（はさむ）・空間認知能力

【あそびの準備】
・ボール（チーム数分）
・スタートライン（1）
・ゴールライン（1）

【あそび方】
① 2人組でジャンケンをして、勝ちチームと負けチームに分かれます。
② 各チームごとに、スタートラインに向かって1列をなります。
③ 全員の子どもが長座の姿勢をとり、先頭の子どもは、ボールを足に挟みます。

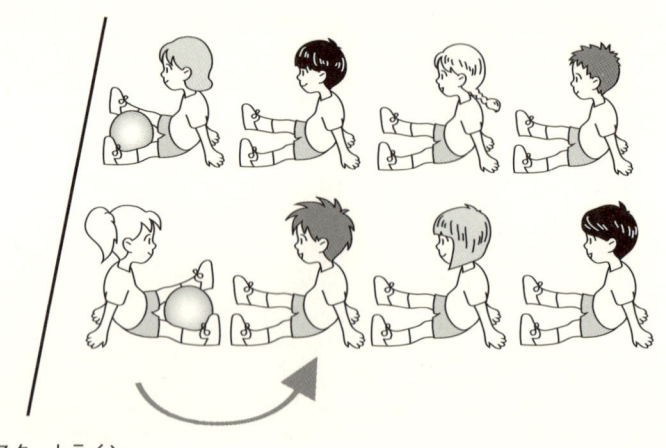

スタートライン

④ スタートの合図で、先頭の子どもはボールを足で挟んだまま後ろ向きになり、次の子どもにボールを渡します。
⑤ 次の子どもも足でボールを受け取り、同じ方法で後方に渡していきます。
⑥ ボールを渡した子どもは、列の一番後ろまで走って移動して座ります。
⑦ これを繰り返していき、全員がゴールラインを早く越えたチームの勝ちとします。

・渡し方を、後方に倒れながら（えびの形）になりながら行っても楽しいでしょう。
・ボールを、大や小に変えたり、紙やハンカチなどに変えてみても楽しめるでしょう。

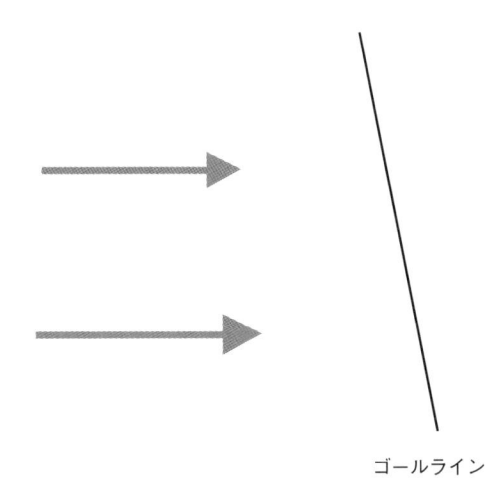

ゴールライン

マットでリレー

【あそびで育つもの】
・筋力・瞬発力・移動系運動スキル（運ぶ）

【あそびの準備】
・マット（2）
・コーン（2）

【あそび方】
① 5人1組になり、順番を決めます。
② 決めた順番ごとに、マット上にうつ伏せに寝て、他の4人の子はマットを持ちます。
③ スタートの合図でマットを運び、折り返し地点のコーンを回ってきます。
④ もどってきたら、次の順番の子を乗せて、繰り返します。
⑤ 最後の子を乗せてもどってきたら、全員でマットの上に座ります。
⑥ 早く全員が、座ったチームの勝ちとなります。

・人の代わりに、ボールを乗せてもよいでしょう。
・人数が多い場合は、マットを持つ子を増やしたり、マットの枚数を増やしたりして、楽しみましょう。

Ⅱ　リレーあそび　*111*

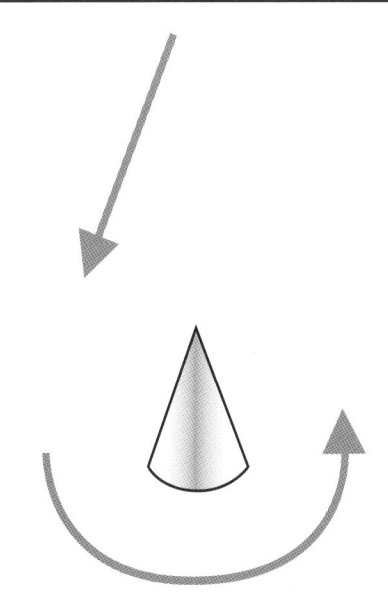

風船のっけリレー

【あそびで育つもの】

　・調整力・協力・集中力

　・操作系運動スキル（乗せる）・移動系運動スキル（運ぶ）

　・空間認知能力・思いやり

【あそびの準備】

　・新聞紙（2～3）……朝刊　⎫
　・風　船（3）　　　　　　　⎬　予備としていくつか用意しておきましょう。
　・コーン（2）　　　　　　　⎭

【あそび方】

　①　2人組でジャンケンをし、勝ちと負けの2チームを作ります。

　②　各チームの中で、2人ペアーと順番を決めます。

スタートライン

③　新聞を開いた上に風船を置き、合図でスタートします。
④　コーンを回ってもどってきたら、次のペアーに風船を乗せたまま渡します。
⑤　風船を落としたら、乗せ直して続けることとができ、破ってしまったら、予備を使ってスタート地点からやり直すことができます。
⑥　全員が先に回り終えたチームの勝ちとなります。

・風船をボールに変えたり、新聞紙をタオルにかえてみたり、いろいろな用具や遊具を使って楽しみましょう。

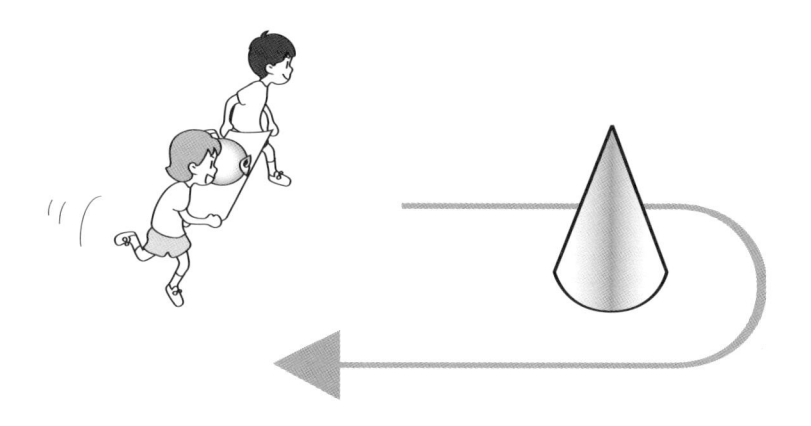

紙ぞうきんリレー

【あそびで育つもの】
　・スピード・筋力・空間認知能力・移動系運動スキル（這う）
　・リズム感

【あそびの準備】
　・紙(4)……白紙
　・コーン(2)
　・スタートライン兼ゴールライン(1)

【あそび方】
①　2人組でジャンケンをして、人数が均等になるように2チームに分かれます。

スタートライン

② 各チームでリレーの順番を決め、先頭の子に紙を2枚ずつ渡します。
③ ぞうきんがけの格好でスタートし、コーンを回ってもどり、次の子に紙を渡したら、次の子がスタートします。
④ 先に全員が走り終わったチームの勝ちとなります。

・スピードの出しすぎや転び方など、安全面の説明をします。
・見本を見せたり、事前に全員で行ってみると、よりスムーズに進められます。
・紙は、字や色がついた紙で床面をこすると、床に色がついてしまうので、裏紙や白紙が適切です。

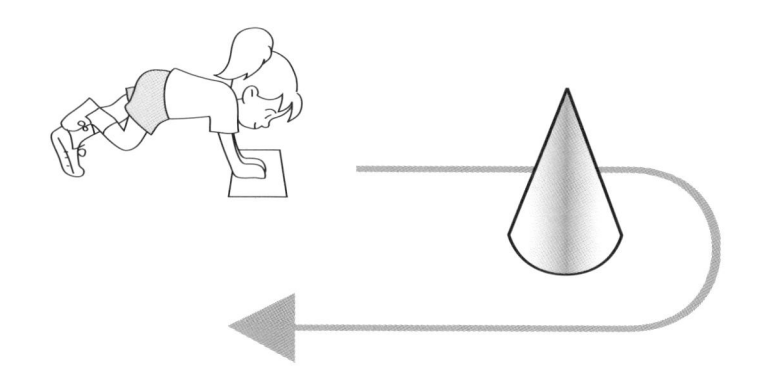

新聞わたり

【あそびで育つもの】
 ・巧緻性・筋力・動的平衡性・操作系運動スキル（移す）

【あそびの準備】
 ・新聞紙（1×チーム数）……予備を準備しておきます。
 ・スタートライン（1）
 ・交代ライン（1）

【あそび方】
 ① 1チーム4人以上で、チームが均等になるように、ジャンケンで分かれます。
 ② チームごとに半分ずつの人数に分けて、スタートラインと交代ラインに並びます。

スタートライン

③　新聞紙を半分に切り、1枚をスタートラインに置き、もう1枚を手に持ちます。
④　スタートの合図で、2枚の新聞紙を交互に動かして、その上を移動していきます。
⑤　交代ラインについたら、次の子どもがスタートラインに向かって同じ方法で移動していきます。
⑥　先に全員が終わったチームの勝ちとなります。

・フープやダンボールを使っても行えます。
・新聞紙を移動させるのに、手だけではなく、足を使っても楽しめます。
・新聞紙の大きさを小さくしたり、大きく広げて破れやすくしても楽しめます。
・途中で破れた場合には、破れなかったチームを表彰するのもよいでしょう。

交代ライン

コロがして、通して、Let' GO!!

【あそびで育つもの】
・巧緻性・空間認知能力・操作系運動スキル(転がす)・団結力

【あそびの準備】
・ボール(2)
・ライン(2)……スタートラインとターゲットラインを5m離して引きます。

【あそび方】
① 2人組でジャンケンをして、人数が均等になるように、2チームに分かれます。
② 各チームでリレーの順番を決め、先頭の子はターゲットのラインに行き、足を広げて立ちます。

ターゲットライン

③ 2番目以降の子は、スタートラインの手前に順番に並び、一番前に位置した子がボールを持ちます。
④ スタートの合図で、ターゲットラインにいる子の足の間を狙って、ボールを転がします。
⑤ 通ったら、転がした子がボールを拾い、次の子に渡します。
⑥ 転がした子は、ターゲットラインに足を広げて立ちます。
⑦ はずれた場合は、自分で拾いに行き、再度、転がします。
⑧ 最初に先頭だった子が、ターゲットラインにボールを持って早くもどってくると、そのチームの勝ちとなります。

・足で蹴ってみたり、後ろ向きで転がしたり等、変化をさせてみるのも楽しいでしょう。

スタートライン

タオルでキャッチ

【あそびで育つもの】
　・協応性・調整力・身体認識力
　・操作系運動スキル（投げる・捕る）・空間認知能力

【あそびの準備】
　・タオル(2)……大型のバスタオル
　・玉(2)……玉入れ用
　・スタートライン(1)
　・キャッチライン(1)

【あそび方】
①　6人ずつのチームを2チーム作ります。
②　各チーム、2人ずつで、スタートラインの手前に並びます。
③　先頭の2人は、キャッチラインに進み、タオルを持ちます。
④　次の2人は、スタートラインに立ち、1人が玉を持ちます。
⑤　指導者の笛の合図で、玉をタオルに向けて投げます。
⑥　タオルを持った2人は、玉を落とさないように、タオルでキャッチします。
⑦　落としたり、キャッチラインの手前でキャッチした場合は、やり直しとして、玉を持っていない子どもがとりにいき、再度、投げます。
⑧　キャッチできた場合は交代して、投げた子どもたちがタオルを持ち、次の2人組が投げ役になります。
⑨　繰り返していき、いずれかのチームが6回キャッチできたら勝ちとなります。

II　リレーあそび　　121

キャッチライン

スタートライン

Ⅲ　ジャンケンあそび

ジャンケン焼き芋ジャンプ

【あそびで育つもの】
　・巧緻性・瞬発力・回転感覚・空間認知能力
　・移動系運動スキル（跳び越える・転がる）

【あそびの準備】
　広くて、寝ころんでも清潔な場所（プレイルーム）

【あそび方】
① 立った状態で、2人で手を伸ばし、握手をします。その距離のまま、ジャンケンをします。
② ジャンケンに負けた子どもは、焼き芋ゴロゴロで、勝った子どもに向かって転がります。勝った子どもは、ジャンプをして焼き芋を跳び越えます。
③ 跳び終わったらすぐに立ち、①の状態から、くり返します。

・ジャンプの種類を、片足跳びや両足跳びというように、指定すると、より多様な方法で巧緻性が養われるでしょう。

Ⅲ　ジャンケンあそび　　*123*

Vジャンケン

【あそびで育つもの】
・筋力・持久力・リズム感・身体認識力

【あそびの準備】
足ジャンケンの方法を教えておきます。

【あそび方】
① 指導者の方を向いて、足を伸ばして座り、手を後ろについて体を支えて足をあげ、V字をつくります。
② 指導者が、「ジャンケン・ポン」と言います。
③ このかけ声に合わせて、足でジャンケンをします。

④ 両足を左右に大きく開くとパー、曲げて閉じるとグー、前後に交差させるとチョキです。
⑤ 負けたら足を下ろして座り、勝ち続けた子どもが勝ちとなります。

・子ども対指導者でジャンケンを行うだけでなく、子ども同士が2～3人集まって行っても楽しめるでしょう。
・かけ声のスピードを変えたり、「ジャンケン・ポイ・ポイ」など、リズムに変化をつけても良いでしょう。
・手を使わなくてもV字を保てる子どもは、手を床からはなして行うと、さらに筋力アップできます。

体ジャンケン

【あそびで育つもの】
・リズム感・敏捷性・瞬発力・連帯感・協調性

【あそびの準備】
ジャンケンは、最初に指導者の合図で、練習しておきます。

【あそび方】
① 5人1組になります。横一列に並び、右から、親指・人差し指・中指・薬指・小指と役を決めます。
② 全員立ちます。グーは、全員座ります。チョキは、親指・薬指・小指の人が座ります。
③ 2チームが向かいあい、それぞれのチームで相談して何を出すかを決めます。
④ 「ジャンケン」で2度ジャンプをし、「ポン」で形を作ります。
⑤ 勝ったチームがしゃがんで列を作り、負けたチームが勝ったチームの周りを1周します。

〔バリエーション〕
・2チームは、向かい合って、2mほどの距離をあけて並びます。各チームの後方5mのところに線を引いておいて、ジャンケンに負けたチームは、後方の線まで逃げ込みます。勝ったチームは追いかけます。

Ⅲ　ジャンケンあそび　　127

ジャンケンダッシュ

【あそびで育つもの】
・瞬発力・敏捷性・スピード
・移動系運動スキル（走る）・空間認知能力

【あそびの準備】
・マット（4）
・コーン（1）

【あそび方】
① 全員マットの上に乗り、2人組を作ります。
② 2人組でジャンケンをします。
③ ジャンケンに負けた子どもは、走ってコーンを回り、マットにもどってきます。
④ 勝った子どもは、喜んだ後に、ジャンケンする相手を見つけ、相手を見つけたらすぐにジャンケンをします。
⑤ 負けた子も、新しい子を見つけてすぐにジャンケンをします。

・走るときに、ボールを手や足でドリブルをすると巧緻性が養われるでしょう。
・コーンを回るところを、鉄棒をぶら下がってからもどる、マットで前転をしてからもどる等に変化させると、より運動量が増えるでしょう。

Ⅲ ジャンケンあそび 129

新聞迷路

【あそびで育つもの】
　・敏捷性・調整力
　・空間認知能力・移動系運動スキル（走る）

【あそびの準備】
　・新聞紙(1)……自由に敷いていきます。

【あそび方】
① 新聞紙を踏まないように、走り抜けていきます。
② 反対からもスタートし、出会ったらジャンケンをして、負けた方は後ろ向きになって進みます。

・一定の時間ごとに、一斉にコース変更を行うと、より楽しくなるでしょう。

ジャンケン列車

【あそびで育つもの】
　・リズム感・協応性・空間認知能力
　・移動系運動スキル（歩く・走る）・判断力

【あそびの準備】
　動ける広さのあるところ

【あそび方】
　① １人で歩きながら、他の子どもとジャンケンをします。
　② ジャンケンで負けた子どもは、勝った子どもの肩につかまります。
　③ つながった列同士のジャンケンの場合は、負けた列の子は先頭の子どもだけが勝った列の一番後ろにつながり、それ以外の子どもはバラバラの１人の状態にもどります。
　④ 繰り返し行っていきます。

> ・ジャンケンに負けた列の子どもは全員、ジャンケンに勝った子の列の後ろについてもよいでしょう。

Ⅲ　ジャンケンあそび　　133

ジャンケンポンレース

【あそびで育つもの】
　・判断力・瞬発力・走力・体力・スピード
　・移動系運動スキル・空間認知能力

【あそびの準備】
　・ライン（2）

【あそび方】
　① 2チームが、距離をとって向かい合わせに、1列で、並びます。
　② 指導者の合図で、2チームの先頭の子は、対面する子と会うためにセンターサークルまで行き、ジャンケンをします。

③　ジャンケンに勝った子は勝ち陣地に入り、座ります。負けた子は、自分のチームの列の一番後ろにもどります。
④　指導者が終了の合図を出すまで、繰り返し、残っている子どもの少ないチームの勝ちです。

> ・ジャンケンに負けてもどる方法を、スキップやギャロップ等にすると、おもしろいでしょう。

Ⅳ 移動系のあそび

ポップコーン

【あそびで育つもの】
・敏捷性・空間認知能力・操作系運動スキル（捕る・入れる）
・判断力・集中力

【あそびの準備】
・跳び箱(1)……上2段を逆さにして使います。ポップコーン製造器に見立てます。
・カラーボール(30)
・カゴ(1)

【あそび方】
① カラーボールを、跳び箱（ポップコーン製造機）に入れます。
② 子どもたちは、跳び箱から離れて散らばります。
③ 指導者は、ポップコーンがはじけるように、カラーボールをいろいろな方向に投げます。
④ 子どもたちは、素早く拾いにいき、自分たちのカゴの中に入れます。

・子どもたちを2チームに分け、2つのカゴを準備し、ポップコーンを拾ったら自分のチームのカゴに入れ、集めたポップコーンの多いチームが勝つという、2チーム対抗にしてもよいでしょう。
・2チーム、2セット用意して、早く集めるチームを競っても楽しいでしょう。

なんでもバスケット

【あそびで育つもの】
　・敏捷性・身体認識力・空間認知能力
　・移動系運動スキル（走る）・集中力

【あそびの準備】
　参加者全員で輪になれるところ

【あそび方】
　① みんなで手をつなぎ、輪になります。
　② 手を離して、その場で座ります。
　③ 指導者が、『朝ご飯を食べた人』、『靴下に○○の絵がついている人』などと言い、該当した子は場所を移動していきます。
　④ 移動している子は、空いた場所を見つけて座ります。

・題を工夫することで、様々な場面や状況をつくることができるので、雰囲気がもりあがります。

Ⅳ 移動系のあそび　139

ストップ ＆ ゴー

【あそびで育つもの】
・瞬発力・スピード
・移動系運動スキル（歩く・走る）・空間認知能力・集中力・注意力

【あそびの準備】
・マット（4）
・スタートライン（1）
・ボール（1）

【あそび方】
① 全員でスタートラインの手間に並びます。
② 指導者がボールを手で持って（触って）おり、手からボールが離れたら子どもは前に進めます。
③ 指導者が、ボールを手で持った（触った）ら、子どもは止まります。
④ ②と③を繰り返している間に、マットに一番最初についた子がチャンピオンとなります。

・ボールを手で触っていたら進めるという、違うパターンを行うと、集中力や注意力がより養われるでしょう。
・止まる時の動作を、「お尻をつける」「背中をつける」「2人組」等にすると、より運動量が増えるでしょう。

Ⅳ　移動系のあそび　　141

スタートライン

お引越しゲーム

【あそびで育つもの】
・瞬発力・スピード・判断力・移動系運動スキル（走る）・空間認知能力

【あそびの準備】
・ラインカー(1)……いろいろな形を描きます。

【あそび方】
① 好きな模様の場所に入ります。
② 指導者の「引越し！」という合図で、違う模様の場所に移動します。このとき、引越しできるのは1か所だけとします。
③ 慣れてきたら、真ん中に指導者が立ち、指導者に捕まらないよう、模様を移動します。

> ・移動方法を両足ジャンプやスキップ等に変えると、楽しいでしょう。
> ・最初は、動きに慣れるまでゆっくり行わせ、子ども同士の衝突や転倒などを防ぎましょう。
> ・1回の合図で移動できる回数を増やすと、運動量が増えるでしょう。

Ⅳ 移動系のあそび　143

なかよしのだるまさん

【あそびで育つもの】
　・敏捷性・判断力・瞬発力
　・静的平衡性・移動系運動スキル・空間認知能力

【あそびの準備】
　・ラインカー（1）
　・スタートライン（1）

【あそび方】
　① 子どもはスタートライン上に立ち、準備します。
　② 指導者が鬼をします。
　③ 指導者は、子どもたちに背を向けて『だるまさん、だるまさんが手をつなぐ』と唱えます。その間に、子どもたちは誰かと手をつなぎます。
　④ 2人組になってとまります。
　⑤ 2人組になっていなかったり、動いているのが見つかった子どもは、アウトになります。
　⑥ アウトになった子どもは、指導者の指示した場所に移動します。
　⑦ ③～⑥をくり返し、子どもたちが指導者のところまで、捕まらずに来ることができたら、成功です。

・続けて同じ子と2人組になるのはだめです。
・2人組になるときに、「右手で手をつなぐ」、「向き合って両手をつなぐ」」等、ルールを自分たちで決めて行うと楽しいでしょう。

Ⅳ　移動系のあそび　145

だるまさんがころんだ

【あそびで育つもの】
・瞬発力・空間認知能力・移動系運動スキル（歩く・走る）・集中力

【あそびの準備】
・イス（人数分）……イスを、円状に並べて準備します。

【あそび方】
① 1人1つのイスに、子どもを座らせます。
② 指導者が、「だるまさんがころんだ」とコールします。
③ コール中に座っている椅子から違う椅子に移動します。
④ コールが終わったときに、椅子に座れていない子が、次の鬼（コールする人）になります。
⑤ 鬼になる子が複数の場合は、その中でジャンケンをして一番負けの子が、次の鬼になります。

・移動する方法やルールをいろいろ変えてあげると、おもしろいでしょう。
　例）ケンケン、隣には移動できない等
・室内で行うときには、スピードには十分気をつけさせて、ケガのないようにしましょう。最初は、ゆっくり動くようにさせましょう。

Ⅳ　移動系のあそび　　147

ボール取りゲーム

【あそびで育つもの】
・敏捷性・瞬発力・移動系運動スキル（走る）
・平衡系運動スキル（ボールに座る）・空間認知能力・身体認識力

【あそびの準備】
・ボール（人数分）
・ラインカー（1）
・円（1）……子どもたち全員が手をつないで輪になれる大きさの円をラインカーで描きます。

【あそび方】
① 子どもは円の外を歩きます。
② 指導者の合図で、一斉に円内のボールの上に座りに行きます。
③ 毎回、円の中にあるボールの数を減らしながら、くり返し行います。
④ ボールに座れなかった子どもは、指導者の後ろで待機します。

・子ども同士の衝突を防ぐために、ボール間の距離や間隔をあけ、配置に十分注意しましょう。

Ⅳ 移動系のあそび　149

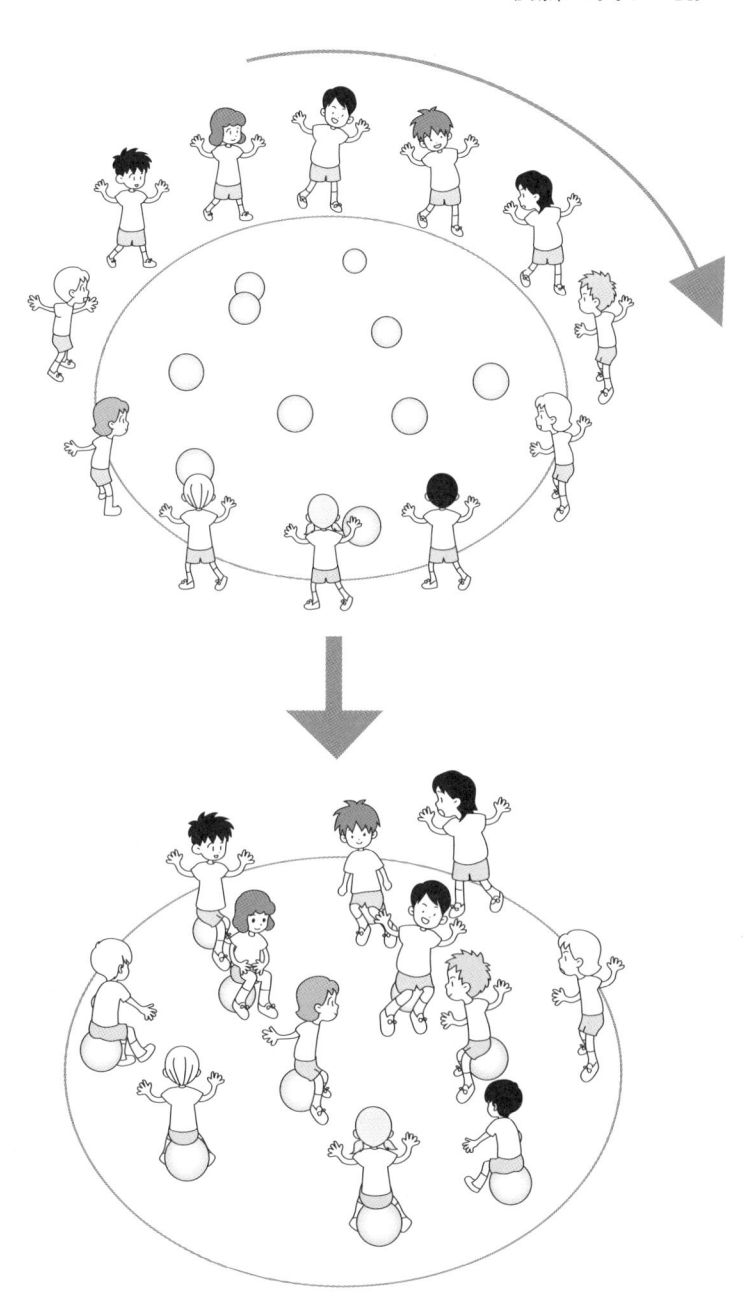

いすとりゲーム

【あそびで育つもの】
・瞬発力・敏捷性・空間認知能力・移動系運動スキル（歩く・走る）
・協調性・判断力

【あそびの準備】
・イス（人数の半分）

【あそび方】
① 子どもは、イスのまわりを歩きます。
② 指導者の合図で、1つのイスに2人まで座ることができます。座れなかった子は、トリコとなり、指導者のとなりで待機します。
③ 指導者は、子どもたちがあそびに慣れる様子をみて、イスを1つずつ、取っていきます。
④ これらをくり返し行います。

・なかなか座れない子どもがいた場合、指導者からの言葉がけをせずに、子どもの判断に任せてみることも、必要です。
・1つのイスに、3人で座るというルールに変えてもおもしろいでしょう。

Ⅳ　移動系のあそび　151

満員電車

【あそびで育つもの】
　・瞬発力・敏捷性・移動系運動スキル（歩く・走る）
　・空間認知能力・判断力・集中力

【あそびの準備】
　・イス（人数分）

【あそび方】
　① 1人1つのイスを持ち、全員で円を作ります。
　② ジャンケンで鬼を1人決めます。
　③ 鬼は円の中心に立ちます。
　④ スタートの合図で、他の椅子に移動します。
　⑤ 鬼は、座ることのできない子をつかまえます。
　⑥ イスには、3人まで座ることができます。

> ・みんなで、安全にたくさんの子と座ることのできる方法を考えてみましょう。
> 安全には十分注意しましょう。

Ⅳ 移動系のあそび　153

森のリス

【あそびで育つもの】
・瞬発力・敏捷性・移動系運動スキル（走る・歩く）
・空間認知能力・協調性・判断力

【あそびの準備】
走りまわることのできるところ

【あそび方】
① みんなで３人組を作り、作った３人組でジャンケンをします。そして、３人のうち、１番勝ちの１人を「リス」、残り２人を「木」とします。
② 木となった２人は、向かい合って両手をつなぎ、その中にリスが入ります。
③ 指導者は『リス』、『木』、『火事』の３つの言葉を言います。
④ 『リス』の号令では、リスが今いる木から他の木へすばやく移動します。
⑤ 『木』の号令では、木の２人が（２人のまま）他のリスがいる場所へすばやく移動します。
⑥ 『火事』の号令では、リスも木もみんな動き、新しいリスと木の組を作ります。
⑦ 指導者は、３つの号令をランダムに出し、いろいろな組を作るようにさせましょう。
⑧ あそびに慣れたら、「まちがえたり、とまどっていたら、トリコになって座る」というルールを加えてゲームを展開してもよいでしょう。

Ⅳ 移動系のあそび　155

・移動する際にスピードの出しすぎや、ぶつからないように気をつけること等を伝えて、安全面に注意を促しましょう。

V　競争形式（並び方を学ぼう）

でんしゃづくり

【あそびで育つもの】
　・瞬発力・敏捷性・スピード・移動系運動スキル（走る）
　・空間認知能力・身体認識力・判断力

【あそびの準備】
　・コーン（2）
　・笛（1）

【あそび方】
① 指導者の笛の合図で、全員が四角のコートの中を自由に歩きます。
② 指導者がもう一度笛を吹いたら、女の子は△、男の子は▲のコーンを先頭にして、それぞれ1列に連なり、電車（列）を作ります。
③ どちらが、早く電車を作れるか、競ってみます。

> ・コーンの位置を変えたり、背の順や早い者順などお題を出すのもおもしろいでしょう。

Ⅴ 競争形式（並び方を学ぼう） 157

ならびっこ競争

【あそびで育つもの】
- 瞬発力・敏捷性・移動系運動スキル（走る）
- 操作系運動スキル（ボールを捕る）・身体認識力・空間認知能力
- 集中力・観察力・判断力・協調性・移動系運動スキル

【あそびの準備】
- ボール(2)……赤と白のボールを1つずつ準備します。
- 紅白帽子(各1)……紅は女の子、白は男の子に分かれておきます。

【あそび方】
① 男女別に、2チームに分かれます。例えば、男子は白チームで白色帽子をかぶり、女子は赤チームで赤色帽子をかぶります。
② 指導者が、チーム別に色分けした2個のボールをコート内に投げます。
③ チームごとに、自分のチームの色のボールを追い、早く追いついた子が拾います。
④ 早く拾った子を、先頭にして、チームのメンバーは整列します。
⑤ 早く、きれいに整列したチームの勝ちとします。

- 事前に、並び方を練習しておくと良いでしょう。
- ボールを、仲間同士で奪いあうと、遅くなることを理解させましょう。

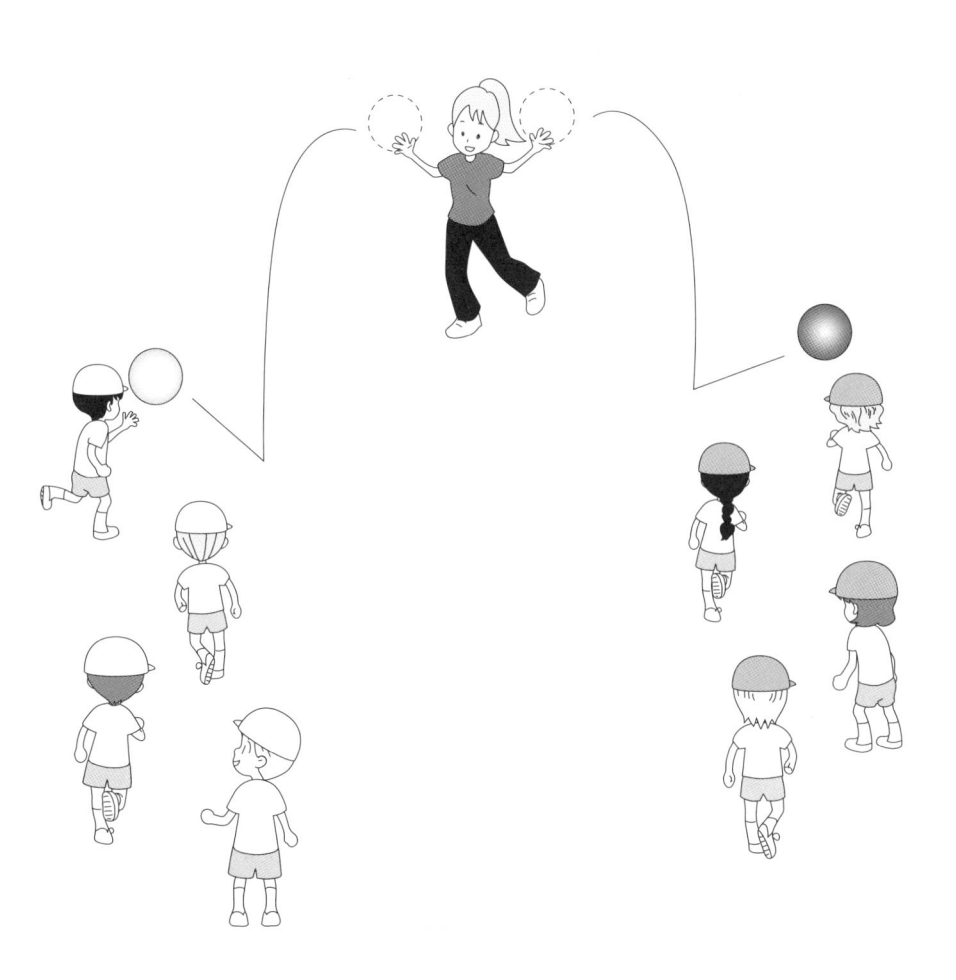

Ⅴ 競争形式（並び方を学ぼう） 159

順番に並ぼう

【あそびで育つもの】
　・平衡性・柔軟性・移動系運動スキル（歩く・くぐる・這う）
　・平衡系運動スキル（渡る）・身体認識力・協調性・想像力
　・仲間意識・空間認知能力

【あそびの準備】
　マット（2）

【あそび方】
　① マットを三つ折りにします。
　② 3～4人組になり、1枚のマット上に、指導者の方向を向いて並びます。
　③ もう1枚のマットにも、同様の人数が乗り、並びます。

Ⅴ 競争形式（並び方を学ぼう） 161

④ 子どもたちは、指導者の言った順番に、マットから落ちないようして並び替えをします。
⑤ 早く並び替えのできたグループを勝ちとします。

・マットを平均台（2台）や丸太橋にすると、より高度になるでしょう。
・順番は、背の順や誕生日順など、並び替えの必要のある順を工夫してみましょう。
・マットから落ちない作戦を、子どもたち同士で考える時間をつくるとより良い時間になるでしょう。

ドラゴンボール

【あそびで育つもの】
- 瞬発力・敏捷性・移動系運動スキル（走る）
- 操作系運動スキル（捕る）・空間認知能力・チームワーク

【あそびの準備】
- ラインカー（1）
- ボール（2）

【あそび方】
① 園庭の真ん中に線を引き、線の両サイドに子どもを2チームに分けます。
② 各チームの中で1人がボールを持ち、指導者の合図で相手チームのコート内に、ボールを投げ入れます。
③ ボールを捕った子どもが龍の頭になり、その他の子が後ろにくっつき龍の体になります。
④ どちらのチームが早く龍になれるかを競います。

- どこにボールが飛んできてもよいように、子どもを散らばらせます。
- ボールの取り合いをしないように、捕った子の後ろにすぐくっつくようにさせましょう。

V　競争形式（並び方を学ぼう）　163

Ⅵ　個人のスキルアップ

反応拍手

【あそびで育つもの】
　・瞬発力・協応性・操作性運動スキル（手を叩く）・身体認識力
　・空間認知能力・集中力・判断力

【あそびの準備】
　向かい合って、からだを動かせるところ

【あそび方】
　① 子どもたちは、指導者がよく見える位置に広がり、座ります。
　② 指導者が片手を横に伸ばし、反対の手を上にあげます。
　③ 指導者が上に伸ばした手を動かしていき、両手が重なったら、子どもたちは手を叩きます。これを、何度か、くり返します。
　④ 指導者の手が重なってないのに手を叩いたり、指導者の手が重なったのに手を叩かなかったりした子の負けです。

> ・慣れてきたら、指導者の手のスピードをあげたり、手が重なる寸前で止めたりして、お手つきを誘うようにしましょう。

Ⅵ　個人のスキルアップ　　*165*

両手が重なったら、
子どもたちは手を叩く。

縄投げ、キャッチ

【あそびで育つもの】
・協応性・巧緻性・敏捷性・身体認識力・空間認知能力
・操作系運動スキル（捕る）・移動系運動スキル（走る）

【あそびの準備】
・縄（各1）

【あそび方】
① 各自が個人の縄を結びます。
② 結んだ縄を投げ上げて、手でキャッチします。
③ 手たたきをしてキャッチしたり、身体の指定された部位（おしり、頭など）を触ってからキャッチしたりします。
④ 上達したら、背中でキャッチ等にチャレンジします。

・好きなポーズ（ウルトラマン、ピース、アイーンなど）をしてから、キャッチを自由にさせて雰囲気を盛り上げましょう。

Ⅵ 個人のスキルアップ 167

どこで、とれるかな？

【あそびで育つもの】
　・協応性・敏捷性・操作系運動スキル（投げ上げる・捕る）
　・移動系運動スキル（走る）・空間認知能力・身体認識力

【あそびの準備】
　・ビブス（各1）

【あそび方】
　① ビブスを上に向けて投げ上げます。
　② 落ちてきたら、右手だけでつかみます。
　③ 左手だけ、足、頭、背中と、徐々に難しくしていきます。

> ・ビブスではなく、帽子、新聞紙、タオル、ティッシュ、ハンカチなど、投げ上げる物を変えて楽しみましょう。

Ⅵ 個人のスキルアップ 169

縄で、ロングスロー

【あそびで育つもの】
　・筋力・瞬発力・協応性・空間認知能力・操作系運動スキル（投げる）

【あそびの準備】
　・縄（各1）
　・ラインカー（1）
　・ライン（1）

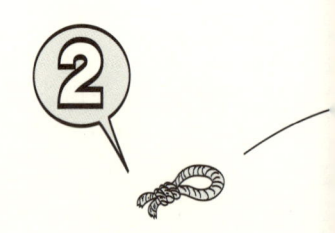

【あそび方】
① 各自、自分の縄を結びます。
② 結んだ縄をもってラインの手前に立ち、一定方向に向けて遠くに投げます。
③ 誰の投げた縄が一番遠くまで飛ぶかを競います。
④ 全員が投げ終わったら、指導者は評価・コメントを伝えます。

・安全のため、指導者の「始め」の合図や「やめ」の合図をしっかり聞いて行動させるようにしましょう。
・みんなが縄を投げているときに、縄を拾いに行かせないように注意してください。

ライン

新聞ダッシュ

【あそびで育つもの】
　・スピード・巧緻性・瞬発力・移動系運動スキル（走る）
　・操作系運動スキル（新聞紙を胸に乗せる）・空間認知能力

【あそびの準備】
　新聞紙(1)……四つ切

【あそび方】
　① 新聞紙を胸にあてて、落とさないように走ります。
　② 上手に走れるようになったら、リレーをしてみましょう。

・スピードを調整しないと新聞紙が落ちてしまうことを伝え、感じてもらいましょう。
・競争、リレーなどの形式で楽しみます。
　① 5人組で競争をする。
　② 4チームに分けて、リレー形式で競争する。

縄で、的いれ

【あそびで育つもの】
・協応性・瞬発力・操作系運動スキル（投げる）
・空間認知能力・集中力

【あそびの準備】
・縄（各自）
・ラインカー(1)
・ライン(1)
・円(1)……二重円をラインカーで描きます。

【あそび方】
① 各自、自分の縄を結び、ラインの手前に1列に並びます。
② 並んだ順番に、1人ずつ、結んだ縄を、円の中心を狙って投げ入れます。
③ 円の中心に、縄を投げ入れた子どもがチャンピオンです。

・円は、二重円だけでなく、何重かの円を大きく描くと、より多くの子どもにチャンスが与えられたり、評価の際に、少しの差にも気づくようになるでしょう。

ライン

フープくぐり

【あそびで育つもの】
　・敏捷性・スピード・巧緻性・身体認識力・空間認知能力
　・移動系運動スキル（くぐり抜ける）・判断力・集中力

【あそびの準備】
　・フープ（数個）

【あそび方】
　① 指導者が、フープを転がします。
　② 子どもたちは、1人ずつフープを追いかけて、フープの中をくぐります。
　③ フープをくぐり抜けたら、ポーズをし、その後、フープを拾って指導者に渡します。

・指導者が、いろいろな回転をかけて転がすと、レベルアップするでしょう。
・チームに分かれて、何人くぐれたかを競っても楽しいでしょう。
・子ども同士で、転がし役とくぐり役になって行っても良いでしょう。

Ⅵ 個人のスキルアップ 177

棒つかみ

【あそびで育つもの】
　・瞬発力・スピード・移動系運動スキル（走る）
　・操作系運動スキル（つかむ）・空間認知能力

【あそびの準備】
　・棒（1～2）……新聞棒でも可
　・ラインカー（1）
　・スタートライン（1）

【あそび方】
　① 指導者は、スタートラインを引き、そこから2mくらい離れた所に棒を立てて待ちます。

スタートライン

② スタートの合図で、指導者は持っている棒を離します。
③ 子どもは、合図とともに、その棒が倒れる前につかみに行きます。
（棒を離すタイミングは、子どもの動きをみて調整します。）

> ・上達したら、棒を立てる位置を少し遠くにする。
> ・棒を2本にしてみる。
> ・子ども同士で2人組になり、互いに棒をはなして、つかみ合うようにさせる。

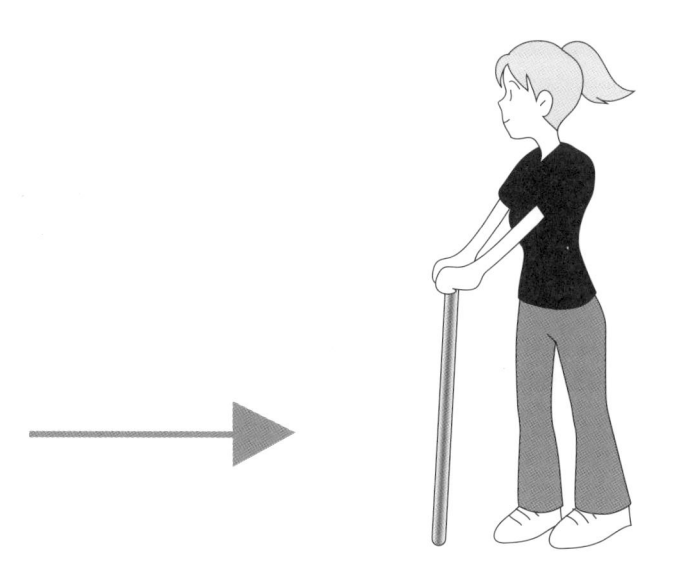

動物に変身しよう

【あそびで育つもの】
・平衡性・身体認識力・平衡系運動スキル（片足立ちをする）
・集中力・判断力・想像力

【あそびの準備】
動くスペースのあるところ

【あそび方】
① 指導者と子どもが向き合って立ちます。
② 指導者は、動物の名前を「〇〇に変身」と言います。
③ 子どもは、指導者が言った動物のまねをします。

・バランスを強化したい場合は、フラミンゴになる等、動物の特徴を上手く利用できるとよいでしょう。
・「手はゾウ、足はカエル」というふうに上半身と下半身を別の動きにすると、動作の組み合わせを楽しむことができるでしょう。

Ⅵ 個人のスキルアップ　181

おせんべ やけたかな？

【あそびで育つもの】
・巧緻性・筋力・移動系運動スキル（転がる）
・身体認識力・空間認知能力・集中力

【あそびの準備】
転がってもよい空間のあるところ

【あそび方】
① 子どもたちは、手足を伸ばして仰向けになり、寝転がります。
② 指導者の『おせんべ焼けたかな？』の合図に合わせて、すばやくうつ伏せになります。
③ 「ひっくり返すよ」の合図で、転がっていきます。

・指導者の言葉かけを少しずつ早くしていき、すばやく身体を動かすように促していきましょう。
・『おせんべ焼けないよ。』と、違う言葉を言って、集中力を高めてみましょう。

Ⅵ 個人のスキルアップ　183

焼き芋　やけたかな？

【あそびで育つもの】
　・瞬発力・巧緻性・身体認識力・空間認知能力
　・移動系運動スキル（転がる）・集中力

【あそびの準備】
　転がって遊ぶことのできるところ

【あそび方】
　① 子どもたちは、手足を伸ばして、仰向けになって寝転がります。
　② 指導者の『焼き芋、焼き芋やけたかな？』の言葉かけに合わせて、すばやく、横に3回転がります。
　③ 指導者の言葉かけを少しずつ早くしていき、すばやく身体を動かすように促していきます。

> ・『焼き芋、焼けないよ。』と、違う言葉を言って、集中力を高めていきましょう。

Ⅵ 個人のスキルアップ　185

グー・チョキ・キャッチ

【あそびで育つもの】
・瞬発力・操作系運動スキル（捕る）・身体認識力
・空間認知能力・判断力・集中力

【あそびの準備】
・カラーボール（2人組に対して1）

【あそび方】
① 2人組をつくり、向かい合って正座をします。
② 向かい合った2人組の真ん中に、カラーボールを置きます。
③ 座った2人は、手を膝の上に置いて待ちます。
④ 子どもたちは、指導者が、『グー』と言ったら、手をグーにし、上にかざして『オー』と言います。
⑤ 『チョキ』と言ったら、手をチョキにし、上にかざして『イエイ』と言います。
⑥ 『パー』の合図で、真ん中に置かれたボールを取ります。
⑦ 合図に素早く反応して、先にボールを取った子が勝ちとなります。

・真ん中にあるボールが、動いてしまうようなら、帽子やハンカチを代用しても良いでしょう。
・同時につかんだ場合は、引き分けとして、引っ張り合わないように注意させましょう。
・指導者がランダムに、グーやパーを言っていくと、より緊張感が増して楽しめるでしょう。
・動物や果物などを、グーチョキパーの代わりにしても、楽しいでしょう。

Ⅵ　個人のスキルアップ　　187

個人のスキルアップ『2人組』

大きい手でボール打ち

【あそびで育つもの】
　・協応性・巧緻性・瞬発力・空間認知能力
　・身体認識力・操作系運動スキル（投げる・打つ）・集中力

【あそびの準備】
　・なべつかみ（1）
　・カラーボール（1）

【あそび方】
　① 2人組をつくりジャンケンをします。
　② ジャンケンに勝った子どもは、なべつかみをつけて、バッターとなります。
　③ 2人の距離を、大また2歩分あけます。
　④ 負けた子どもは、野球のピッチャーの要領で、カラーボールを下手投げで、軽く投げます。
　⑤ バッターが、前に打ち返すことができたら交代します。

> ・ボールを転がしたり、ボールの大きさを代えたりすると、低年齢の子どもも取り組みやすくなります。
> ・バッターに、的に当てさせたり、遠くへ飛ばす距離を競わせたりすると、年齢の高い子どもにも楽しめるようになります。
> ・野球のルールで、ゲームを行うこともできます。

Ⅵ 個人のスキルアップ　189

個人のスキルアップ『2人組』

スーパーキャッチ

【あそびで育つもの】
 ・瞬発力・スピード・協応性・操作系運動スキル（捕る）
 ・タイミング・空間認知能力・集中力

【あそびの準備】
 ・帽子（各1）

【あそび方】
① 笛の合図（回数）で、2人組をつくります。
② ジャンケンをして勝った子どもは、立って帽子を手に持ちます。
③ 負けた子どもは、勝った子どもの前に正座をします。
④ 勝った子どもは、帽子を持った手をまっすぐに伸ばし、帽子を下に落とします。
⑤ 負けた子どもは、正座の状態から落ちた帽子をキャッチします。
⑥ 3回キャッチできたら、交代します。

○キャッチする子どもの手を、頭やお尻におかせて行っても楽しめます。
○道具をハンカチ、スカーフ、テイッシュ等に替えても楽しめます。
○キャッチする子どもの姿勢を、仰向けに寝かせたりすると楽しめます。また、背後から落としたり、帽子を2つにしたりして楽しみましょう。

Ⅵ 個人のスキルアップ　191

Ⅶ　グループあそび

新聞玉入れ

【あそびで育つもの】
・協応性・敏捷性・巧緻性・操作系運動スキル（投げる）
・数の認識・空間認知能力

【あそびの準備】
・新聞ボール（人数分）……新聞紙をおにぎりをつくる要領で丸めボールを作る。
・境界ライン(1)……両チームの間に線を引く。

【あそび方】

① 2人でジャンケンをし、勝ちチームと負けチームに分かれます。
② 1人が1個ずつの新聞ボールを持ちます。
③ スタートの合図で、相手陣地に新聞ボールを多く投げ入れます。
④ 自分の陣地に落ちているボールは、素早く投げ返します。
⑤ 笛の合図がなったときに、自分の陣地にあるボールの少ないチームの勝ちとなります。

・ボール運動などの前段階として、投げる動作の習得につながる運動です。

境界ライン

新聞玉入れ（みんなで片づけ）

【あそびで育つもの】
　・協応性・巧緻性・操作系運動スキル（投げる）
　・数の認識・空間認知能力

【あそびの準備】
　・新聞ボール（人数分）……新聞をみんなで丸めて玉にする。
　・箱(2)……円の中心に置く。
　・円(2)……直径4mの円

【あそび方】
① 2人でジャンケンをし、勝ちチームと負けチームに分かれ、2チームの対抗戦形式で行います。
② チームごとに全員で手をつなぎ、円をつくります。
③ 円の中央に箱を1つずつ置きます。
④ スタートの合図で、玉入れの要領で箱に玉を投げ入れます。
⑤ 終了の時点で、入った玉の多いチームを勝ちとします。

・自分たちで遊んだものを、片づける意識づけにもなります。
・楽しみながら、片づけの意識を高めていきましょう。

Ⅶ　グループあそび　　195

ねことねずみ

【あそびで育つもの】
・瞬発力・敏捷性・移動系運動スキル（走る）・判断力・スピード

【あそびの準備】
・ライン(3)……中央ライン(1)と陣地ライン(2)

【あそび方】
① 2人組でジャンケンをして、勝ちを「ねずみ」、負けを「ねこ」として分かれます。
② 20m離れたところにラインを引き、互いの陣地をつくり、さらに両方の中心にもラインを引きます。
③ 互いのチームが、中心を挟んで向かい合わせに立ちます。
④ 指導者が、『ねー、ねーねこ』『ねー、ねーねずみ』のどちらかを言います。
⑤ 「ねこ」と呼ばれたら、「ねこ」が自分の陣地に向かって逃げ、「ねずみ」は「ねこ」をタッチします。
⑥ タッチできたら、自分の陣地に連れて帰ります。
⑦ くり返していき、全員を捕まえたチームの勝ちとします。

・はじめの姿勢を、背中合わせにしたり、座ったり、寝たりと変化させるとより楽しめるでしょう。
・先生が、ねことねずみ以外の『ね』のつく別の名前（ネギやネクタイ）を言ったりすると、より判断力が必要となって緊張感のあるゲームになるでしょう。

Ⅶ　グループあそび　197

ねこの陣地ライン

ねこチーム

ねずみチーム

ねずみの陣地ライン

中央ライン

「ねー、ねーねずみ」

ねこは追いかけて
ねずみは逃げる
→

キックベース

【あそびで育つもの】

・筋力・敏捷性・瞬発力・スピード・巧緻性・移動系運動スキル（走る）

・操作系運動スキル（捕る）・身体認識力・空間認知能力・集中力

【あそびの準備】

・コーン（1）　・ドッジボール（1）

・ラインカー（1）

【あそび方】

① 2人組でジャンケンをして、2チームに分かれます。

② チームごとにキャプテンを決めて、代表でジャンケンをします。

③ 勝ったチームを、攻撃として順番を決めて待機します。

④ 負けたチームは、守備としてコート内に散らばります。

⑤ 指導者が投手役になり、ホームベースに向けてボールを転がします。

⑥ 一番になった子は、転がってきたボールを、枠内で遠くを目掛けてキックします。

⑦ キックした子どもは、コーンまで走ります。

⑧ 守備側の子どもたちは、飛んできたボールを捕ってコーンに走ります。

⑨ 攻撃側が早く着いてコーンにタッチしたら1点、守備側が早く着いたら1アウトとします。

⑩ 攻撃側は、コーンにタッチしても、なお、守備者が来なければ、ホームに戻ることができます。（ただし、ボールを持った守備者に先にホームベースを、踏まれたらアウトとなります。）

⑪ ホームまでもどれた場合は、2点となります。

⑫ 5アウトになったら、攻守交替として、くり返していきます。

⑬ 両チームが、3回攻撃を終了した時点の得点を競います。

Ⅶ　グループあそび　199

○守備者が攻撃者にタッチしたり、ボールを投げ当てたり、ノーバウンド捕球したらアウト等のルールを付け加えても楽しいでしょう。
○キックしたボールが、枠外に出た場合は、ファールとしてやり直しましょう。
○ホームとコーンの長さや枠の広さを調整すると、人数に応じたゲームが楽しめるでしょう。

宝とりゲーム

【あそびで育つもの】
・敏捷性・巧緻性・スピード・瞬発力・操作系運動スキル（運ぶ）
・移動系運動スキル（走る・歩く）・空間認知能力・身体認識力

【あそびの準備】
・マット(2)……家に見立てます。
・ボール、フープ(適量)

【あそび方】
① 2チームの人数が均等になるようにジャンケンで分かれ、チームごとにマット（家）に立ちます。
② 指導者の合図で、真ん中に置いてあるボールやフープ（宝）を取りに行き、マットまで運びます。
③ 真ん中に宝がなくなった時点で終了とし、たくさん宝を取ったチームの勝ちとします。

> ・子ども同士の衝突や転倒などに気をつけましょう。
> ・運び方をスキップや2人組などにすると楽しいでしょう。
> ・宝は縄跳びやマーカー等、いろいろなものに変えても楽しいでしょう。
> ・持ち運びできる宝は、1つだけに限定してもよいでしょう。

Ⅶ　グループあそび　201

家

家

大根ぬき

【あそびで育つもの】
　・筋力・瞬発力・持久力・協応性・操作系運動スキル（引く）
　・移動系運動スキル（走る）・非移動系運動スキル（つかまる）
　・精神力・団結力

【あそびの準備】
　・マーカー
　・ストップウオッチ(1)
　・帽子(各1つ)……2色のものが望ましい。

【あそび方】
① 2人組でジャンケンをして、人数が均等になるように2チームに分かれます。
② 勝った子どものチームは、「大根チーム」として、うつ伏せで寝ます。
③ 負けた子どもたちは、「お百姓さんチーム」になります。
④ スタートの合図で、「お百姓さんチーム」が、「大根チーム」の子どもを自陣に引き込みに行きます（30秒で終了します）。
⑤ 両チームが、役割を替え、交互に行って多くの大根を引き抜いたチームが勝ちとなります。

> ・大根チームは、協力して肩を組んで円形になったり、手をつないで横になる等して、引き抜かれない作戦を立てると楽しいでしょう。
> ・各チームの中で、大根、お百姓を半数ずつ役割を決めて一斉に行うこともできます。
> ・足首だけをひく、大根が物につかまらない、数人で1本の大根を抜くことも良しとする等のルールを決めておくとよいでしょう。

Ⅶ　グループあそび　203

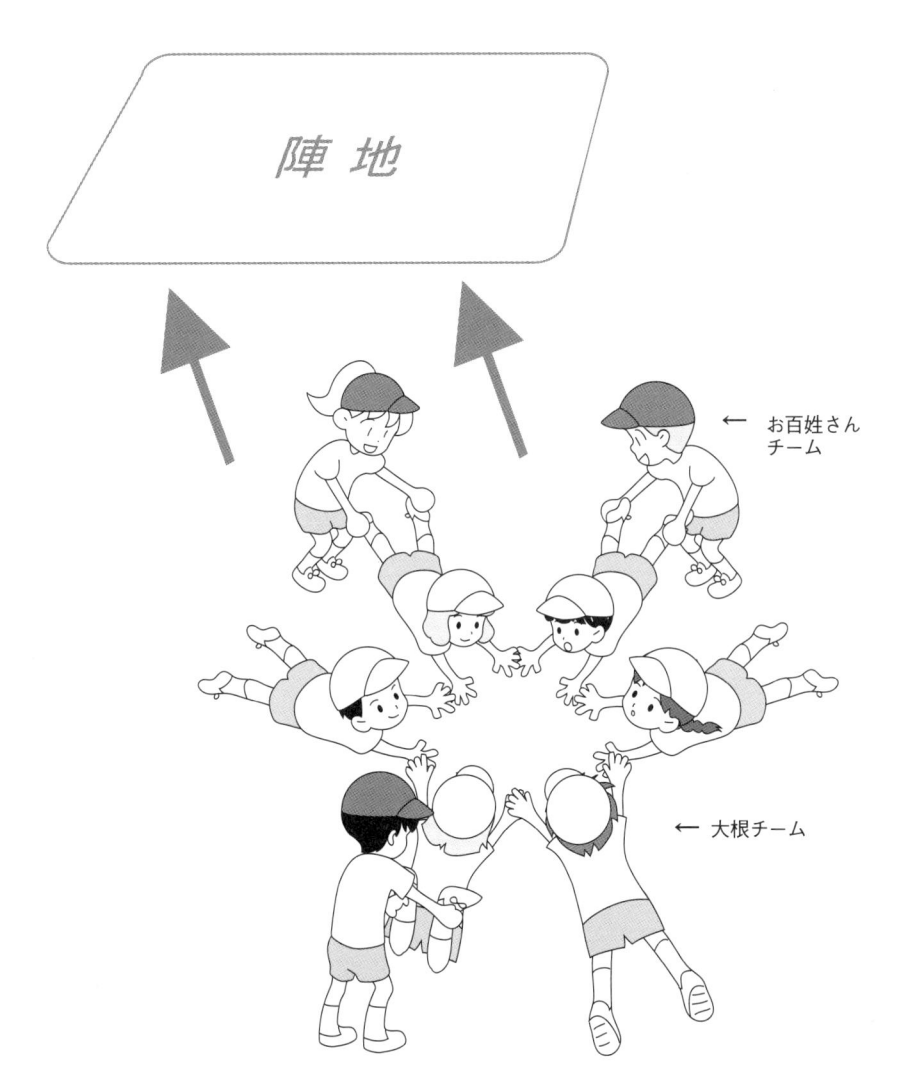

陣地

← お百姓さんチーム

← 大根チーム

コーンたおしゲーム

【あそびで育つもの】
　・敏捷性・瞬発力・持久力・空間認知能力
　・操作系運動スキル（立てる・倒す）・移動系運動スキル（走る）

【あそびの準備】
　・三角コーン（人数分＋数個）

【あそび方】
　①　2人組でジャンケンをして、人数が均等になるように分かれます。
　②　コーンを倒すチームと、倒れているコーンを立てるチームを、リーダー同士のジャンケンで決めます。
　③　1回目の笛の合図で始めとし、2回目の合図で終了することとします。
　④　倒れているコーンを数えて、勝敗を決定します。

・倒すチームと直すチームを交代しながら、何回戦か行ってみましょう。
・下ばかりみて、子どもたち同士がぶつかることがあるので、注意しましょう。

Ⅶ　グループあそび　　205

宝運び競争（リレー形式）

【あそびで育つもの】
・瞬発力・スピード・敏捷性・持久力・空間認知能力
・操作系運動スキル（運ぶ）・移動系運動スキル（走る）

【あそびの準備】
・スタートライン（1）
・小ボール(宝物)(各チームに5)
・フープ（各チームに2）

【あそび方】
① 5人を1チームとして、順番を決め、1列に並びます。
② 前方に2つのフープを置き、お互いが2mほど離れるようにします。
③ 片方のフープの中に宝を置き、スタートの合図でもう一方のフープに宝（ボール）を1個ずつ移動させます。
④ 全員が1個ずつ運んで、全部のボールを移動させたら、そのチームの勝ちです。そして、次の子に交代します。

・宝物をボールではなく、お手玉や新聞棒など、違うものに変えてみるといいでしょう。

Ⅶ　グループあそび　　207

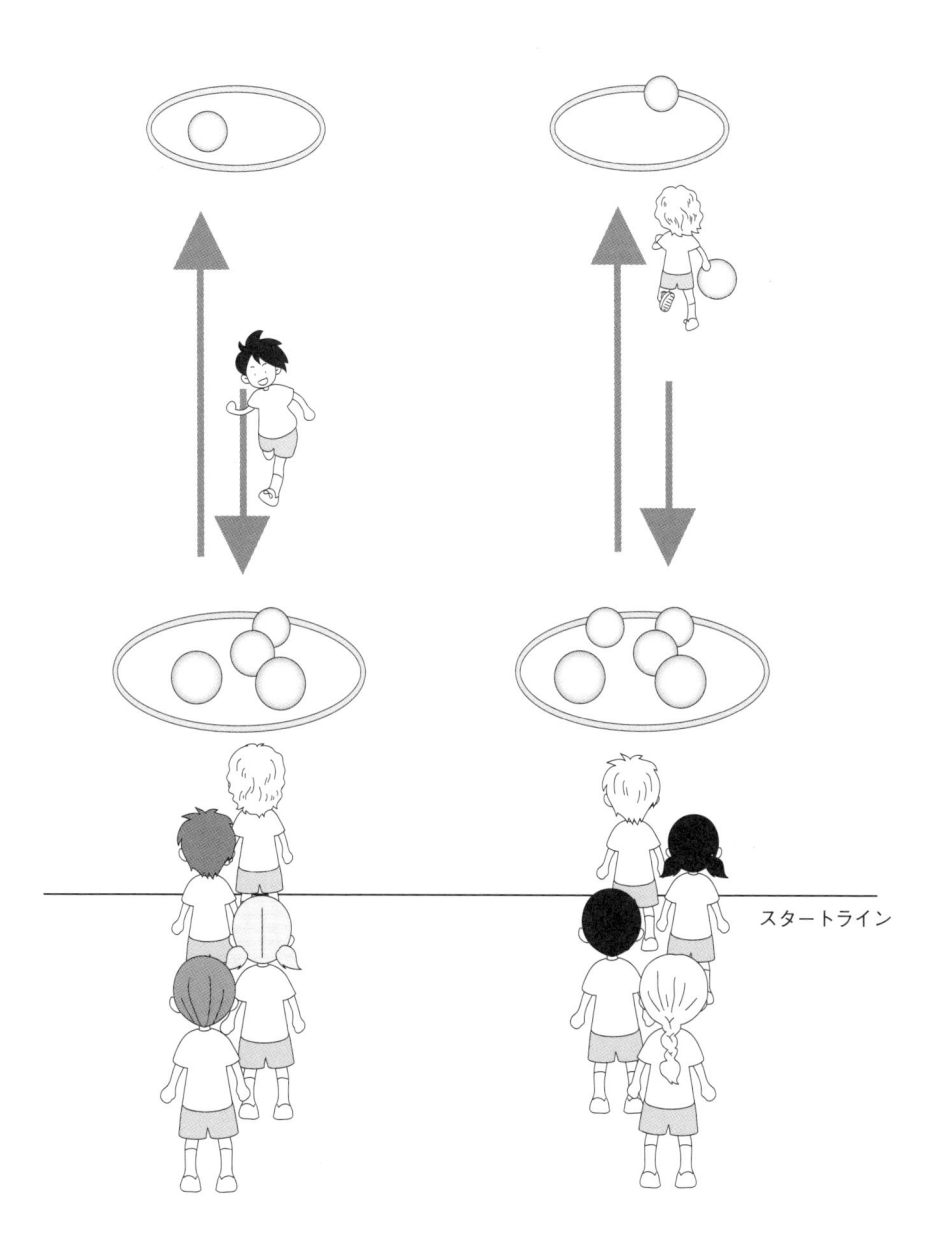

交差点ゲーム

【あそびで育つもの】

・瞬発力・敏捷性・スピード・持久力・身体認識力、空間認知能力

・操作系運動スキル（投げる）・移動系運動スキル（走る）

・観察力・集中力

【あそびの準備】

・4色のビブス（人数分）

・ライン（4）……四角になるように描きます。

・ドッジボール（1）

【あそび方】

① 4グループに分かれて、各々4色のビブスを着ます。
② それぞれ1～4までのグループ名をつけます。
③ 各グループは、それぞれ3列に並び、1グループの先頭の子はボールを持ちます。
④ スタートの合図で、1グループの先頭は、2グループの先頭の子に向けて受けやすいようにボールを投げます。
⑤ 投げたら、自分の列の一番後ろに並びます。
⑥ 1グループと2グループは、それをくり返していきます。
⑦ 3と4グループの列の子どもは、ボールの動きをよく見て、ボールに触れないように反対のラインまで走ります。

Ⅶ　グループあそび　209

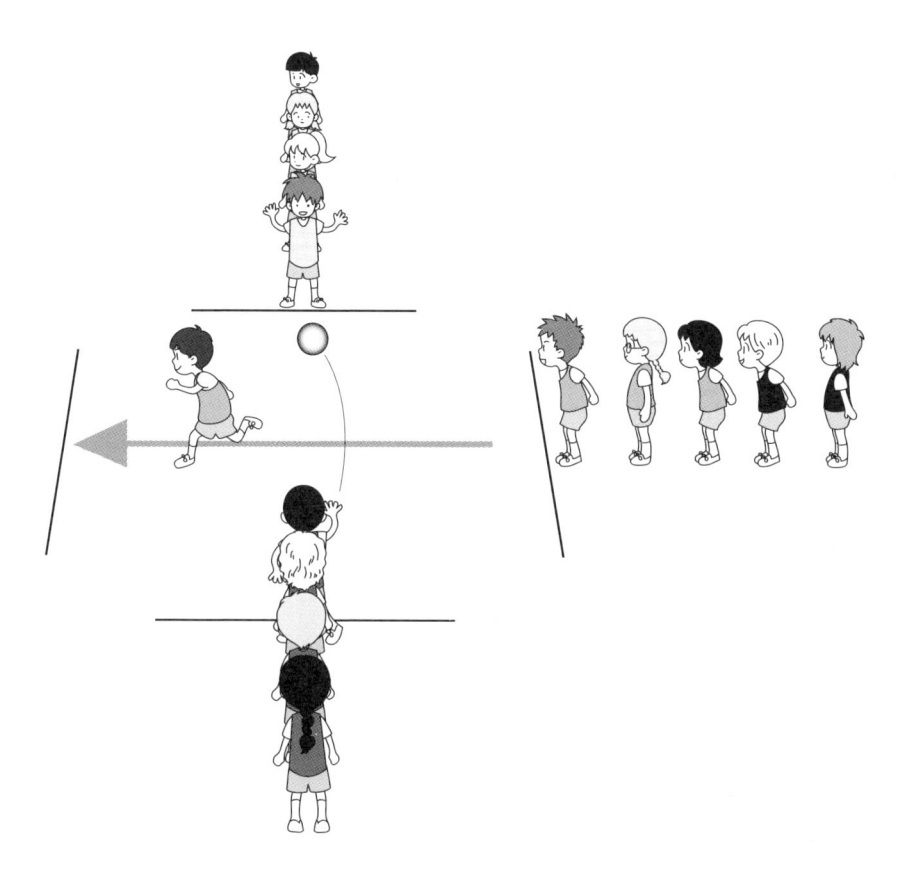

- 時間制で、役割を交代していきましょう。
- 1グループと2グループは、キャッチボールをすることを主として、ボールをぶつけないように促しましょう。
- 3グループと4グループは、ボールが受けられずに遠くにそれたら、一気にみんなで走りぬけましょう。
- 始めは、指導者が3グループと4グループの子どもに、走るタイミングを合図してあげるとよいでしょう。

みんなで、はいろう！

【あそびで育つもの】
　・協調性・想像力・コミニケーション力・集中力・筋力
　・身体認識力・空間認知能力・平衡系運動スキル（倒れずに立つ）

【あそびの準備】
　・フープ（人数の半分程度）

【あそび方】
　① スペース全面に、フープを広げて配置します。
　② 笛の合図で、いずれかのフープに入りましょう。
　③ 次の笛の合図で、フープを減らします。
　④ 笛の合図ごとに、少しずつフープを減らしていきます。
　⑤ どのようにしたら、みんなが入れるかを工夫しながら続けていきます。

・指導者は、極力アドバイスをせず行いましょう。
・フープが少なくなるにしたがって、転倒の危険があるので、注意しましょう。
・作戦タイムをとったり、グループごとに互いの案を出し合うのも良いでしょう。

Ⅶ　グループあそび　　211

トピックス

私の思うこと
— スポーツする楽しみを知ることは、人と関わる楽しみを知ること —

　私は、スポーツする楽しみを知ることは、人と関わる楽しみを知ることであるという考えのもと三十数年前より、子どもたちとスポーツに親しんできました。先進諸外国では、知育・体育が同列に置かれているのに対して、日本の知育偏重の傾向は、なぜか一向に改まる様子がありません。スポーツの基本はあそびであり、そのあそびを通して、子どもたちは、人生の大切なことを学んでいくと思っております。

　長い人生の中のどこかで、スポーツに親しむ経験をすることが必要です。それが早ければ早いほど学ぶことも多いという感じがします。子どもの頃にあそびと、スポーツを通して体得した約束事や人間との関わり方が、人生のさまざまな場面や状況で役に立つと思っております。私自身の幼い頃を思い出すと、山あり、川あり自然いっぱいの中で、何もあそび道具が無くとも自然すべてが、あそび道具だったように思われます。

　春には、田んぼ一面に見渡す限りレンゲのじゅうたん、その中でお相撲ごっこ、鬼ごっこ、かくれんぼの毎日でした。そして、悪ガキ軍団で、ヘボ（ハチ）の巣を取るため、いろいろ考え蛙の肉片を綿糸にからませ、ヘボの巣まで目を血眼にし追いかけて行き巣を見つけた感動、セルロイドの下敷きを燃やし、ヘボを気絶させ巣を取り出す瞬間の緊張と言ったらたまりませんでした。夏になれば、朝早く起きて宿題を済ませ、やはり悪ガキ軍団で、塩とマッチだけ持って川へ行く毎日。"ひっかけ"という手製の道具をガキ大将から教わり、もぐって天然のアユをひっかける、知らず知らずに俊敏性、集中力が養われていたのではないでしょうか。お昼は、川べりにて、火を起こしアユの塩焼きが昼食代わり。大きい石の上で、昼寝をした後再び川へ。今度は、アユの内臓を餌にして川にもぐり、岩と岩の間にしかけをし、もぐったままじーっと我慢。息が苦しくなると水面上へ。再びもぐり、うなぎが出てくるのを待つ繰り返し。うなぎがかかった時の手ごたえはたまりませんね。

　もちろん夕ご飯は、母親に頼んで"うな丼"の毎日でした。

　秋は、木登りをしての収穫（柿、栗……）。そして、少し山奥へ行き自然薯を見つけ、曲がっている物をどうしたら折らずに掘り出せるのか？　仲間で競争をしな

がら子ども心に考えたものでした。

　今では、到底考えられないことですが、小学校へ毎朝野鳥を捕獲する網を持って行き、学校の裏山にしかけ、昼休みや帰りによくとったものでした（まったく密漁ですね）。

　冬は、竹でスキーを作り、ただただ裏山でまっすぐ滑るだけのことでしたが、楽しかったですね。

　いつも７〜８人の悪ガキ軍団で行動していましたが、よほど悪い場面（喧嘩もよくしましたが、一線を越えそうになることもありました）では、ガキ大将が締め（止めて、なだめすかして）下の子の面倒もよくみましたね。このようなこと（経験、体験）を通して、約束ごと、相手の痛みや思いやりを学んだのではないでしょうか？

　先程も言いましたが、あそび、スポーツを通して学べることってたくさんあると思います。限度を知ることとか、相手の立場に立つこととか、ここまでいったら次どうなるかという状況判断だとか、あるいはフェアーな精神とかは、絶対に室内ゲームでは学べません。

　スポーツの原点は、あそびだと私は思います。しかし、現在では、そのあそびすらできない状況になってきています。スポーツをしなかったら人生にすごく影響があるかというと、それはわかりません。ただ、子どもの頃にスポーツやあそびを通して体得した約束ごとや人との関わり方が、人生のさまざまな場面や状況で役に立つということは言えると思います。核家族化の上に少子化が進み、家庭の中でさえ子ども同士で遊ぶ機会が少なくなっています。ふれ合ったり、下の子を泣かしたり、あるいはかばったり、昔は、家庭の中でいろいろなことが自然に学べました。たわいも無いことですが、それが大事だと思います。取っ組み合えば相手の身体の温かみが肌に伝わってきます。ゲームやテレビがいけないと一概には言えませんが、やはり無機質の冷たさですよね。

　そして、心と身体の成長の基礎をつくる一番大事な時期である幼少年代に、知育・徳育・体育のバランスのとれた人間になってもらいたいと考えます。そのためにも、もう一度言いますが、あそび、スポーツをする楽しみ、身体を動かすことの爽快感、人と関わる楽しみって素晴らしいことなんだということを、今後も伝え続けていきたいと思っております。

（澤田幸男）

おわりに

　2008年8月、日本幼児体育学会第4回大会が早稲田大学所沢キャンパスで開催されました。
　さわだスポーツクラブでは、平常の幼児体育の指導を、理論と実践の両面から見つめてレベルアップを図ろうという取り組みをしています。その大会では、ひとつのまとめとしてスタッフ13名が各々の研究テーマを発表しました。このような場に立つことすら初めてという状態で緊張の連続でもあり、大学関係の諸先生方から見ればお粗末なものであっただろうと思います。
　ただ、幼児体育の実践者というと、感覚と経験で子どもたちを楽しませることはできるものの、なぜ？　どうして？　このような内容の指導をしているのかという裏づけに乏しいという問題があり、そのような現状を打破したい、さらには、子どもたちの生き生きとした生活の応援がしたいという想いに向けて、第一歩を踏み出したことに価値があるのではと自己満足しています。
　大会期間中には、ある大学の先生から、次のような言葉をいただきました。『我々研究者は、なかなか実践者にはなりえない、でも、あなたたちのような実践者が、今回のような課題に取り組んでいけば、研究者になることはできるはずだから、是非がんばってもらいたい』というもので、強く心に残り、励まされました。
　現在の幼児体育の世界は、まだまだ社会的な認知度も低い状態ですが、次代を担う子どもたちの成長に不可欠な要素が、幼児体育には満載です。
　今後、ますます重要になるであろう幼児教育の一助となるべく、子どもたちの健全な育成のためにも、理論と実践を高めていきたいと改めて思うことのできた夏になりました。
　そして、今回、第二歩目を踏み出すべく、本書の発刊に至りました。

発刊にあたりまして、早稲田大学の前橋　明教授をはじめとして、大学教育出版の佐藤宏計氏ならびに安田愛氏など、ご協力をいただきました多くの皆様に、スタッフ一同、心から御礼を申し上げます。

2010年6月

　　　　　　　　　　　　　　　　　　　　　　　さわだスポーツクラブ
　　　　　　　　　　　　　　　　　　　　　　　　指導部長　池谷仁志

さわだスポーツクラブ法人事業経歴

年月	経歴
1975/4	設立（事務所を東京都練馬区石神井4丁目に置く）練馬区内の私立幼稚園数園の体育指導業務を受託。 以後、中野区、板橋区、東久留米市、埼玉県所沢市、川口市、千葉県鎌ヶ谷市、西白井市内等。
1977	(財)日本スポーツクラブ協会加盟。
1980	練馬区内、田無市内テニスクラブの指導管理受諾。
1982	日本幼少児健康教育学会設立に参画。事務局長、理事長を経て現在顧問。
1982〜1984	(株)フジテレビジョンの番組『ひらけポンキッキ』の企画として、所沢市西武球場にてアスレバル東京を共催。
1984/4	(財)日本スポーツクラブ協会加盟体操連絡協議会サッカー部会を社会体育団体の範を目指し設立。 親善サッカー大会等8回開催。
1984	西武、西友カルチャーセンター（川越、小手指、大泉）"子ども体操教室"の指導受託。
1985	埼玉県鳩ヶ谷市、久喜市の私立幼稚園温水プール（25m）指導受託。
1988/5	(財)日本スポーツクラブ協会の統括団体として、サッカークラブ連絡協議会を発足。
1990〜	NHK文化センター"子ども新体操教育"の指導受託。
1994	練馬区光和小学校にて、「幼少児の健康教育」について講演。
1995	事務所移転（東京都練馬区下石神井4-28-13 塩谷ビル1F）
2002/2	サッカークラブ連絡協議会主催にて日本幼児ドッジボール大会第1回開催。 以後、毎年2月に開催。
2003/3	サッカークラブ連絡協議会をNPO法人スポーツクラブネットワークとして内閣府より認証。 理事長に就任。
2003/4	(有)Sawada Human Works 設立。代表取締役。
2003/9	(有)Sawada Human Works 人材派遣会社として厚生労働省より許認可。(般13-090194) 東京都内を中心に、幼稚園教諭、保育士、看護師等の人材派遣を行い現在に至る。
2005/8	日本幼児体育学会設立に参画。（現在、理事）
2006/7〜	日本幼児体育学会認定「幼児体育指導員養成講習会」事務局担当。
2008/1〜	アジアキッズスポーツ交流協会設立に参画。（現在、常任理事）

■ 監修者紹介

澤田幸男（さわだ　ゆきお）
　さわだスポーツクラブ代表
　1950年　愛知県出身
　中央大学卒
　1975年　(有)さわだスポーツクラブ創立　同社代表

■ 編著者紹介

前橋　明（まえはし　あきら）
　早稲田大学教授・医学博士
　米国ミズーリー大学大学院で修士(教育学)、岡山大学医学部で博士(医学)。
　倉敷市立短期大学教授、米国ミズーリー大学客員研究員、米国バーモント大学客員
　教授を経て、現在、早稲田大学人間科学学術院教授。
　受賞　1992年　米国ミズーリー州カンサスシティー名誉市民賞受賞
　　　　1998年　日本保育学会研究奨励賞受賞
　　　　2002年　日本幼少児健康教育学会功労賞受賞
　　　　2008年　日本幼少児健康教育学会優秀論文賞受賞
　　　　2008年　日本保育園保健学会保育保健賞受賞
　主な著書は、「健康福祉科学からの児童福祉論」(チャイルド本社)、「運動あそび指導百科」(ひかりのくに)、「生活リズム向上大作戦」(大学教育出版)、「幼児体育—理論と実践—(初級・中級・上級・専門・リズム運動)」(日本幼児体育学会)、「輝く子どもの未来づくり」(明研図書)、「最新健康科学概論」「健康福祉学概論」(朝倉書店) など。
　研究では、乳幼児期からの睡眠時間や朝食・排便、体温、運動量などを、体系的に調査・測定・分析することにより、子どもたちの抱える心身の問題とその原因を明確にしていく。赤ちゃんからお年寄りまで、障害をもつ・もたないにかかわらず、だれもが心身ともに健やかな状態で、いきいきとした暮らしが実現できるような社会のしくみづくりを模索中。

■ 著者一覧

さわだスポーツクラブスタッフ（五十音順）

飯塚　幹人	池谷　仁志	石塚　智明	川口　聡	川縁　智志
黒澤　智美	小林　城二	佐藤　章枝	澤内　真	澤田　康徳
高木　大輝	土橋　直樹	中村　聡志	村山　俊太	

子どもの未来づくり
幼児の体育

2010年9月1日　初版第1刷発行
2013年2月10日　初版第2刷発行

■監 修 者── 澤田幸男
■編 著 者── 前橋　明
■著　 者── さわだスポーツクラブ
■発 行 者── 佐藤　守
■発 行 所── 株式会社 大学教育出版
　　　　　　〒700-0953　岡山市南区西市855-4
　　　　　　電話 (086) 244-1268 (代)　FAX (086) 246-0294
■印刷製本── サンコー印刷㈱
■イラスト── 大森和枝
■Ｄ Ｔ Ｐ── 難波田見子

Ⓒ 2010, Printed in Japan
検印省略　　落丁・乱丁本はお取り替えいたします。
無断で本書の一部または全部を複写・複製することは禁じられています。

ISBN978-4-86429-021-0